PNL
LA PROGRAMMAZIONE NEUROLINGUISTICA

Giulio Granata

PNL
LA PROGRAMMAZIONE
NEUROLINGUISTICA

DVE ITALIA S.P.A. – MILANO

Nonostante la massima cura posta nella redazione di quest'opera, né l'editore né l'autore possono assumersi alcuna responsabilità per le informazioni fornite nel testo. Si consiglia, in caso di problemi specifici – spesso unici – di ogni singolo lettore, di consultarsi con persona qualificata per ottenere le informazioni più complete, più precise e più aggiornate possibili.

L'autore ringrazia la dott.ssa Susanna Granata per la preziosa collaborazione.

Foto di Marco Giberti

© Copyright by Giovanni De Vecchi Editore S.p.A. – Milano 1999
© Copyright nuova edizione DVE ITALIA S.p.A. – Milano 2001
Proprietà letteraria e artistica riservata
Riproduzione e traduzione anche parziali vietate

Se desiderate ricevere il nostro catalogo ed essere informati sulle nostre nuove pubblicazioni scriveteci al seguente indirizzo:
DVE ITALIA S.p.A.
20124 Milano – Via Vittor Pisani, 16

*L'uomo è dotato di una mente che gli permette qualunque
tipo di attività e di procedimento.
L'uomo inventa l'esistenza del tempo, dello spazio,
della coscienza, inventa persino l'esistenza stessa,
e poi proietta i suoi ricordi di queste categorie
nella situazione in cui si trova.
Vi attribuisce significato e si convince che, in certa misura,
non si tratta affatto di una sua creazione.
In realtà l'uomo è un attore su un palcoscenico da lui
stesso costruito, completo di tutti gli accessori e le scene.*

STEVE LANKTON

Introduzione

∎ ∎ ∎

Nel business come nella vita le prestazioni sono importanti e il miglioramento delle proprie prestazioni negli ultimi tempi è quasi divenuto una necessità.

Nell'odierno mercato globale, con gli alti livelli di competizione, ciò che si richiede non è soltanto la capacità di creare un prodotto ottimo, ma anche l'abilità di introdurlo nel mercato, di rispondere alle aspettative del cliente, di migliorare costantemente il prodotto e il servizio.

Il raggiungimento di tutto ciò richiede che noi miglioriamo le relazioni e i processi di comunicazione all'interno dell'organizzazione.

In definitiva si tratta di riconoscere che il patrimonio più prezioso all'interno di una azienda, così come di ogni sistema, sono i cuori e le menti delle sue risorse umane.

Per mobilitare i cuori e le menti è necessario fare molto di più che dare degli incentivi economici, è necessario prestare attenzione ai sistemi di valori delle persone, alle loro inclinazioni, ai loro processi di comunicazione e a molte altre cose ancora.

Essere un manager superiore richiede lo sviluppo di un gran numero di abilità personali.

Queste includono l'essere un imprenditore, una guida, un venditore, un negoziatore, un leader e inoltre l'allineamento fra i valori, le intenzioni e i comportamenti.

La neurolinguistica si è sviluppata all'inizio di questo secolo dall'esame scientifico della natura della coscienza. Il concetto di neurolinguistica cominciò con William James che credeva che l'evoluzione dell'uomo si fosse prodotta a livello spirituale-emozionale-mentale.

Questa idea fu ripresa settanta anni più tardi da Teilhard de Chardin.

Korzybski tuttavia fu il primo a portare strumenti linguistici effettivi nel processo. Negli anni Trenta egli cominciò a osservare la potente connessione tra i processi del linguaggio e il comportamento. Scoprì che il pensiero umano si fondava su schemi ripetuti, così come gli schemi abituali di comportamento e che cercare di cambiare questi schemi in modo diretto sembrava quasi impossibile. Egli scoprì che il linguaggio era una parte importante della sottostruttura che mantiene gli schemi del comportamento in funzione.

Avendo evidenziato che il linguaggio era una guida potente del comportamento, egli sperimentò come un cambiamento dell'uso del linguaggio potesse influenzare prestazioni ed esperienze di vita.

Orientando noi stessi diversamente da come solitamente facciamo, possiamo accedere a riserve di creatività, trovare soluzioni a problemi precedentemente "impossibili da risolvere", scoprire modi nuovi e inconsueti per comunicare con gli altri e accrescere enormemente il nostro piacere e la nostra gioia di vivere. Tutto questo mentre rendiamo il mondo un posto migliore in cui vivere.

Durante gli anni Quaranta e Cinquanta sono stati fatti enormi passi in alcune discipline cruciali.

Chomsky ha sviluppato lo studio della grammatica e del linguaggio; Pribram ha acquisito enormi conoscenze riguardo alle funzioni del cervello; Maslow ha sviluppato lo studio della natura gerarchica della coscienza umana e confermato l'importanza dei valori come principi organizzatori nei funzionamenti umani. Bateson e altri si dedicavano intanto alla cibernetica, una nuova scienza sui sistemi organizzati che ha permesso all'uomo di mandare missili sulla luna e allo stesso tempo di avere strumenti per controllare i meccanismi della consapevolezza.

Negli anni Sessanta e Settanta la neurolinguistica ha scoperto la possibilità di identificare la struttura del pensiero profondo attraverso lo studio del comportamento. Questo rende possibile considerare le prestazioni migliori e gli individui che incarnano l'eccellenza ed evidenziare quali processi interni sono all'origine di queste abilità sorprendenti.

La neurolinguistica rappresenta probabilmente il più grande progresso in questo secolo nella comprensione di come avviene lo sviluppo delle persone: fornisce un modo per conoscere meglio se stessi e gli altri e comprende una serie potente di strumenti di apprendimento che possono produrre la crescita personale e della propria organizzazione e il conseguimento dei risultati desiderati.

L'insieme di atteggiamenti, strumenti pratici e interventi che la neurolinguistica combina è focalizzato al raggiungimento dell'eccellenza a prescindere dal contesto. È dimostrato che molte persone quando hanno miglioramenti nella loro vita professionale migliorano anche la loro vita privata.

La neurolinguistica ha identificato una serie di atteggiamenti che si possono imparare e che aiutano le persone a raggiungere i propri scopi, sviluppando una flessibilità comportamentale di base congruente con i valori personali e dell'organizzazione alla quale si appartiene.

Si può dire che questi atteggiamenti costituiscono le "guide neurologiche" che permettono alla nostra esperienza soggettiva di diventare più ricca, godibile e divertente.

La maggior parte della gente ammette che una quantità insufficiente di sonno, il cibo inadatto o i postumi di una ubriacatura possono determinare prestazioni scarse. È meno ovvio il fatto che la maggior parte delle persone abitualmente abbia prestazioni inferiori alle proprie possibilità, perché sta usando programmi corpo-mente inadeguati o superati.

Così come in una azienda è essenziale aggiornare periodicamente macchinari, procedure, prodotti, politiche di vendita, per rimanere competitivi, è essenziale per ogni persona rinnovarsi dalla struttura cellulare ai programmi di pensiero, per mantenere viva l'energia, il gusto, la motivazione e l'ottimismo della giovinezza.

È possibile questo?

Candice Pert, una scienziata americana, che ha compiuto ricerche sorprendenti sugli effetti delle emozioni e del pensiero sul sistema immunitario, ha mostrato che tutte le parti del funzionamento umano sono molto più collegate di quanto noi ci immaginiamo e che questa non è una teoria ma una realtà quotidiana.

Mentre il nostro corpo fa un lavoro eccellente nel potenziare le nostre cellule, la responsabilità di rivedere attitudini, paradigmi, abitudini e abilità dipende da noi. Il modo in cui il corpo potenzia le funzioni cellulari dipende da ciò che noi facciamo con il nostro pensiero e le nostre emozioni.

In qualsiasi contesto noi siamo, in qualsiasi campo operiamo, ci sono abilità personali che possono essere considerate abilità profonde ed essenziali. Persone con prestazioni di alto livello in qualsiasi ambito, nel lavoro o nella vita privata, continuano naturalmente a svilupparle nel tempo.

Capaci di elevate prestazioni, queste persone soprattutto conoscono il modo di perfezionare costantemente queste abilità, attraverso lo sviluppo di un'attenzione continua. Essi sono come chi, praticando un'arte marziale, ha smesso di allenarsi coscientemente nelle posizioni e nei movimenti, ma quando si esamina il loro comportamento si può vedere che non smettono mai di allenarsi.

Con queste capacità tutta la comunicazione umana, dagli incontri di tutti i giorni alle negoziazioni delicate, procede in modo più fluido.

Il sistema più efficace per l'apprendimento della neurolinguistica è frequentare un corso qualificato, proprio perché è molto importante per ciascuno sperimentare personalmente e praticamente la validità di questo modello. È anche fondamentale poter avere consulenza e assistenza mirate e specifiche su esperienze uniche, in quanto individuali.

Un libro è comunque uno strumento molto utile per avvicinarsi alla PNL, per conoscere che cosa sia, e farsi un'idea di insieme del modello, delle sue potenzialità e delle opportunità che offre.

In questo campo c'è la tendenza da un lato a fare libri inutilmente complessi e difficili, dall'altro a divulgare l'argomento in modo troppo semplicistico.

Questo libro risponde bene allo scopo di spiegare semplicemente alcuni degli elementi basilari della PNL, che possono essere sperimentati facilmente nella realtà quotidiana, e magari di incuriosire il lettore e appassionarlo a un ulteriore approfondimento.

Willie Monteiro

CAPITOLO 1

La programmazione neurolinguistica
■ ■ ■

La programmazione neurolinguistica (d'ora in poi PNL) è lo studio dell'esperienza soggettiva.
Con il suo modello è in grado di descrivere il funzionamento del comportamento umano attraverso le sue componenti e in tutte le sue sequenze, sia quelle che portano a risultati che le persone considerano positivi, che quelle che portano a risultati insoddisfacenti.
Il suo metodo consiste nell'individuazione specifica e precisa di tutti i passaggi che compongono le sequenze comportamentali e della loro eventuale variazione; perciò la PNL permette di sviluppare rapidamente ed efficacemente i criteri di apprendimento volti al raggiungimento di obiettivi desiderati.
Obiettivi che riguardano la vita privata, come quelli più legati ai destini professionali, magari considerati difficili da concretizzare, trovano nel modello della PNL un insieme di strumenti di supporto che spesso ne rendono più facile il raggiungimento.

La PNL nasce, si sviluppa e si manifesta come un atteggiamento complessivo delle persone, in cui è riconoscibile la crescita della flessibilità e della disponibilità all'osservazione e alla sperimentazione.
Essa può essere pensata come una grande metafora che ci permette di organizzare il nostro pensiero per scoprire e ottimizzare le strategie che utilizziamo per lavorare, riposare, conoscere, giocare, amare, vivere...

La parola "programmazione" sta a significare il modo di comporre le sequenze adatte a ottenere risultati specifici; "neuro" indica che il comportamento è il risultato di un processo neurologico; infine, il termine "linguistica" precisa che la composizione e la disposizione dei processi neurali è codificata attraverso linguaggi.

CENNI STORICI

Agli inizi degli anni Settanta in America, un gruppo di ricerca composto da Richard Bandler, John Grinder, Leslie Cameron, Judith De Lozier, Robert Dilts, David Gordon e altri sviluppò una serie di strumenti adatti a riconoscere la struttura dell'esperienza soggettiva.

Questi strumenti hanno originato varie tecniche di modificazione del comportamento utilizzabili da chiunque sia impegnato in attività che coinvolgono le capacità di comunicazione: la vendita, la scuola, la conduzione aziendale.

La felice scoperta ha avuto origine sia dallo studio delle idee di Korzibsky, Chomsky, Bateson, sia dalla analisi dei procedimenti utilizzati da diversi professionisti della psicologia e della comunicazione, come Erickson, Satir, Perls.

A partire da queste analisi, sono stati elaborati modelli che riproducevano ciò che i professionisti facevano, ottenendo eccellenti risultati, indipendentemente dalle teorie a cui facevano riferimento.

L'aver attinto da vari campi come la psicologia, la linguistica, la cibernetica, ha portato la PNL a costruire modelli sempre più raffinati, che rispondono ai criteri dell'efficacia, del risparmio di tempo, della riproducibilità, nell'ottica di quel pragmatismo che da qualche decennio ha fatto la sua comparsa anche in Europa.

La PNL, attiva in Italia dall'inizio degli anni Ottanta, ha sviluppato modelli e interventi usati nelle aziende, nelle scuole, nei centri di formazione e apprezzati dai terapeuti per gli aspetti tecnologici e pragmatici di elevata efficacia.

La sua continua evoluzione promette la scoperta quotidiana di modelli funzionali che portano verso un'esistenza migliore.

COME SIAMO
E COME FUNZIONIAMO

CAPITOLO 2
La comunicazione
■ ■ ■

Siamo all'inizio di un itinerario per il quale le pagine di questo libro vorrebbero essere una sorta di guida all'esplorazione e una raccolta di appunti di viaggio.

Strada facendo avremo modo di scoprire cose molto interessanti sul nostro modo di funzionare e di porci in relazione con il mondo e con gli altri esseri umani.

Che lo si voglia o no, dal momento che esistiamo, siamo strutturati per ricevere stimoli da ciò che ci circonda e per influenzare tutto ciò che è intorno a noi, cose, avvenimenti, persone.

Il nostro stesso respiro modifica la chimica dell'aria. Il primo vagito di un neonato è l'inizio di una serie infinita di trasformazioni e cambiamenti che da quella nascita in poi si produrranno.

Siamo immersi in una realtà fluida, in continuo divenire, dove ogni nostra percezione è l'innesco per una microtrasformazione interiore e dove ogni nostro comportamento ci pone in relazione con qualcosa che ne viene trasformato.

Questo scambio continuo è comunicazione.

Se noi percepiamo qualcosa, proviene da una fonte; se noi esprimiamo qualcosa, da qualche parte arriverà.

In modo ancora più completo possiamo asserire che ogni comportamento è comunicazione, così come ogni comunicazione è un comportamento.

I PRINCÌPI FONDAMENTALI

1. Non si può non comunicare

Pensiamo alla sala d'aspetto di uno studio medico. Entriamo e cerchiamo lo sguardo degli altri per accennare un saluto. Qualcuno sta leggendo, solleva gli occhi per un attimo e poi riprende a leggere. Non vuole comunicare con noi. Nondimeno ci ha comunicato la sua intenzione di non voler comunicare.

Pensiamo al silenzio dopo un litigio con il proprio partner. Sappiamo quante cose non dette contenga quel silenzio e come sia pesante.

Facciamo ancora un esempio abbastanza tipico dei nostri giorni: quali e quanti tipi di reazione può produrre in chi lo riceve il messaggio automatico di un cellulare "non raggiungibile"? Eppure dovrebbe essere un semplice segnale di impossibilità a comunicare.

Immaginiamo qualche contesto in cui la nostra presenza sia richiesta: una cerimonia, un convegno, una festa. Se non possiamo partecipare, la nostra assenza significherà comunque qualcosa e comunicherà qualcosa agli altri.

2. Il significato di una comunicazione è nella risposta che si riceve

In questo assunto c'è la concezione dell'essere umano come sistema cibernetico in cui assume una grande importanza il feedback, l'informazione di ritorno.

Piuttosto che uno schema lineare unidirezionale

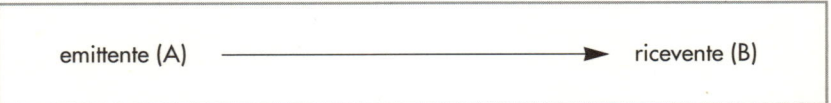

il processo di comunicazione è una funzione ricorsiva, in cui la risposta influenza la successiva emissione a tal punto che individuare emittente o ricevente diventa impossibile.

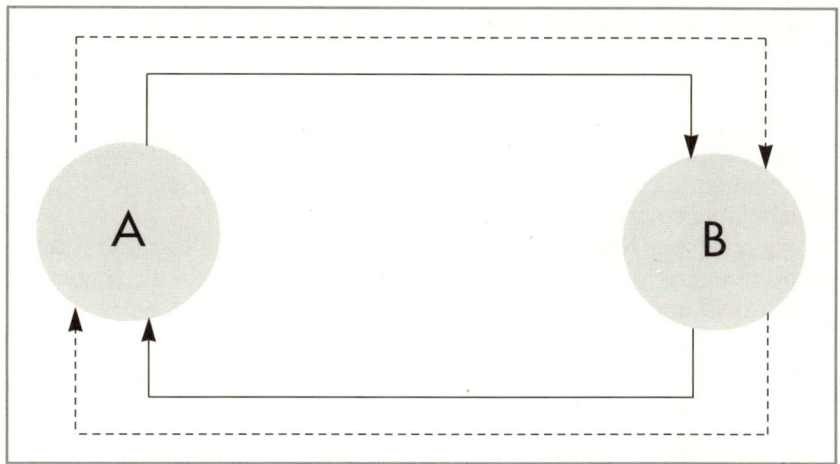

Facciamo un esempio: il marito torna a casa, saluta appena la moglie, non parla. Per la moglie quel silenzio è indisponente e comincia a interloquire con il marito con un tono piuttosto seccato.
Il marito esclama: "Si può sapere che cosa ti ho fatto"?
La moglie: "Avessi visto la faccia che hai fatto quando sei entrato!"
Il marito: "Ti sei già dimenticata delle cose che mi hai detto stamattina prima di uscire di casa?"
La moglie: "Certo, dopo tutto quello che mi hai combinato!"

Si potrebbe andare avanti e indietro all'infinito. Le discussioni tra marito e moglie sono molto sfruttate per l'esemplificazione della ricorsività. È evidente che indicare un punto di inizio è abbastanza arbitrario. Anche perché la comunicazione non ha soltanto un aspetto verbale.
Un'evidenza di questo concetto si ha in quelle espressioni frequenti nei litigi: "Hai cominciato tu!","No, ti sbagli, sei stato tu il primo!".

I corollari di questo assunto sono fondamentali.

Assumersi la responsabilità del risultato della propria comunicazione significa fare tesoro delle informazioni di ritorno e cioè del feedback.

Se la mia comunicazione non ha prodotto il risultato desiderato, è la mia comunicazione che va cambiata, non è il ricevente che non ha capito. Io posso pensare a un tipo di comunicazione più adatta a produrre nell'altro la reazione che desidero o in altre parole a fare in modo che il mio messaggio giunga all'altro in modo che abbia per lui la stessa connotazione che ha per me.

In una comunicazione difficoltosa, non importa individuare chi l'abbia originata.

Decidiamo a un certo punto di assumercene la responsabilità e da quel momento comunichiamo con consapevolezza, anziché reagire automaticamente agli stimoli.

Agiremo per tentativi, più o meno sostenuti da ipotesi, ma sempre pronti a tenere in considerazione il feedback. In questa ottica non esistono errori, ma soltanto esperimenti e reazioni da analizzare.

3. IN OGNI COMUNICAZIONE ESISTE UN ASPETTO DI CONTENUTO E UN ASPETTO DI RELAZIONE

Il contenuto è l'informazione neutra, il "cosa si comunica".

La relazione definisce quale rapporto ci sia fra i comunicanti, "come si comunica".

Il contenuto è percepito a livello consapevole, la relazione molto spesso è percepita a livello inconsapevole.

Prendiamo in considerazione la notizia: "Sono le dieci del mattino".

Può trattarsi della risposta a una semplice domanda: "Che ore sono?"; oppure essere l'esclamazione del direttore quando ci capita di arrivare tardi in ufficio, con tono di rimprovero, puntando l'indice sull'orologio da polso. Oppure ancora può essere il contenuto di una telefonata di un nostro amico al quale abbiamo raccomandato di svegliarci la domenica mattina, per andare insieme a visitare un museo: il tono è allegro, la voce squillante e scherzosa. Ma potrebbe anche essere la voce di una persona cara, che ci porta la colazione a letto, perché siamo ammalati: il suo tono sarà magari dolce e rassicurante.

Vedremo meglio in seguito che è molto difficile scindere contenuto e relazione in una comunicazione. Per il fatto stesso che essa è comunicata, presuppone che ci sia una motivazione a darla e una motivazione a riceverla e inoltre una selezione rispetto ad altre informazioni che si potrebbero dare. Perché non raccontiamo a tutti le stesse cose e perché non raccontiamo tutto? Anche il contenuto dipende in un certo senso dal tipo di relazione che abbiamo con l'altra persona. La relazione in ogni modo è preponderante rispetto al contenuto. Pare che interessi il 93% dell'atto comunicativo. Quando siamo fortemente attratti da una persona è facile perdere il senso di quello che sta dicendo e non ricordare le sue parole, più facile ricordare la qualità della voce, lo sguardo, il suo modo di fare e le sensazioni che ci suscitava.

4. La comunicazione avviene a diversi livelli: verbale, paraverbale, non verbale

Il livello verbale è quello delle parole.
Il livello paraverbale è definito dalla qualità della voce: volume, tono, timbro, ritmo, velocità.
Il livello non verbale è definito dall'atteggiamento del corpo: la postura, i movimenti, la respirazione, il colorito della pelle.
Una comunicazione ha più probabilità di essere efficace quanto più manifesta una congruenza fra i diversi livelli.
Viceversa un'incongruenza fra i livelli produce una sensazione sgradevole di poca affidabilità. Ne abbiamo esempi in alcuni venditori con il sorriso stampato sulla faccia, nelle mamme che si sforzano di sgridare il bambino piccolo, nel collega che ci tratta con molta affettazione e poi ci mette in cattiva luce con i superiori, nella nostra espressione quando ringraziamo per aver ricevuto un dono che non ci piace...
La percezione dei segnali paraverbali e non verbali avviene per lo più a livello inconsapevole ed è questo uno dei motivi per cui spesso usiamo espressioni del tipo: "Non so perché, ma quella persona non mi piace", o viceversa: "Non so definire cosa sia, è una questione di feeling".

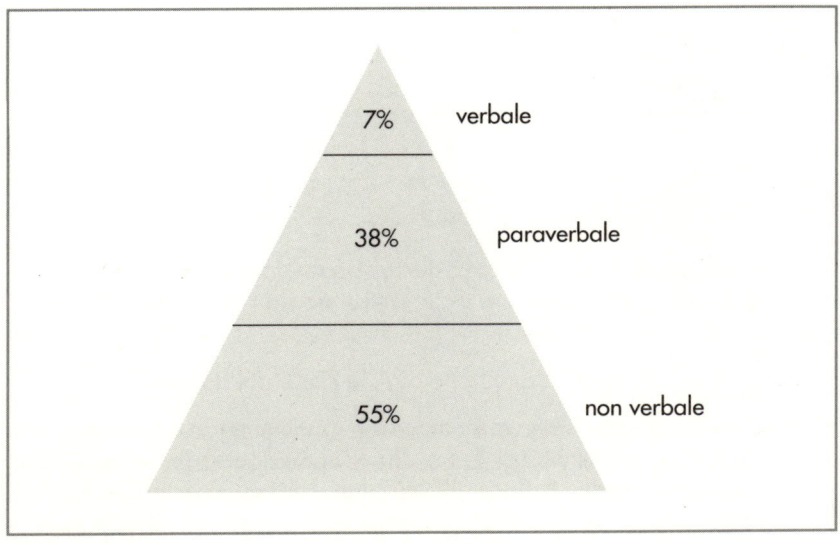

Due esempi di incongruenza: "Oggi sono molto contento" (a sinistra); "Oggi non sono molto in forma" (a destra)

ESERCITAZIONI

1. A gruppi di tre.

- B e C si accordano all'insaputa di A.
- A esprime una sua opinione su un argomento che l'appassiona.
- B condivide verbalmente l'opinione di A, ma con il tono della voce e l'atteggiamento del corpo esprime totale disinteresse e a tratti anche opposizione.
- C non condivide verbalmente l'opinione di A, ma con il tono della voce e l'atteggiamento del corpo esprime profondo interesse e solidarietà.
- A riferirà dopo una decina di minuti di interazione le sue impressioni.

2. A gruppi di tre.

- A e B interpretano una circostanza accaduta in cui A abbia ricevuto un dono per una ricorrenza, ma sia rimasto molto deluso dalla sua natura.
- B interpreta sotto la direzione di A la parte del donatore.
- C osserva con particolare attenzione i movimenti del corpo e l'espressione del viso di A, nonché le variazioni del tono della sua voce; annota e riferisce al termine dell'esercizio.

In breve

■ Abbiamo analizzato la natura e il funzionamento del processo di comunicazione.

■ Ogni volta che entriamo in relazione con noi stessi, con gli altri e con il mondo che ci circonda, lo facciamo tramite un atto comunicativo che nella sua interezza altro non è che un comportamento.

■ In questo processo influenziamo i destinatari della nostra comunicazione e la reazione di questi influenza il nostro successivo comportamento.

■ La comunicazione non ha soltanto un aspetto verbale, ma è fortemente caratterizzata dagli aspetti paraverbale e non verbale, molto spesso messi in atto e percepiti a livello inconscio.

Concludendo

■ Le affermazioni contenute in questo capitolo sono molto importanti e, se le condividiamo, contribuiranno a determinare una sorta di atteggiamento, di cornice in cui possono trovare più agevole spazio i successivi temi che tratteremo. Sono presupposti che accendono i riflettori su aspetti abbastanza trascurati della comunicazione.

■ Da un lato sperimentiamo spesso comunicazioni in cui si è eccessivamente preoccupati dei contenuti e si perde coscienza di avere di fronte delle persone. Basti pensare a certe presentazioni di argomento tecnico in simposi in cui i partecipanti si addormentano dopo pochi minuti, o ad alcune comunicazioni di servizio nell'ambito di una grande azienda che non producono alcun effetto operativo.

■ D'altro canto sperimentiamo il disagio di comunicazioni che non vanno a segno, o di comportamenti formali svuotati di ogni senso, così come ci rendiamo conto di quanto spesso ci troviamo dentro un circolo vizioso di comunicazione non funzionale.

■ Possiamo cominciare a pensare di essere soggetti di una comunicazione consapevolmente rivolta verso un risultato, congruente, che tenga conto dei diversi livelli espressivi.

CAPITOLO 3
Apprendere e orientarsi
■ ■ ■

Quante volte nella nostra vita quotidiana ci siamo imbattuti in espressioni del tipo: "La vita non è come tu la immagini", "Il mondo non va come tu vorresti", "Hai una visione distorta della realtà", "Stai con i piedi per terra".

In questo contesto si colloca uno degli assunti fondamentali della PNL: la mappa non è il territorio.

Cioè un conto è la realtà, un conto è la rappresentazione che ciascuno costruisce della sua realtà.

Alcuni, propensi a un certo relativismo, saranno portati a condividere immediatamente tale assunto; altri, convinti che esista un'oggettività conoscibile, una verità, non si troveranno immediatamente d'accordo. Ma non è soltanto una questione filosofica.

LA STRUTTURA DELLA MAPPA

Consideriamo come funziona la mente umana. L'individuo vive immerso in un mondo che è "altro da sé" e si trova investito da una quantità enorme di informazioni. Queste gli pervengono al cervello attraverso stimoli che colpiscono i recettori sensoriali e si trasformano in immagini, suoni, sensazioni, odori, gusti.

In questo processo, gran parte delle informazioni viene perduta, molte rimangono a livello inconsapevole, pochissime a livello consapevole.

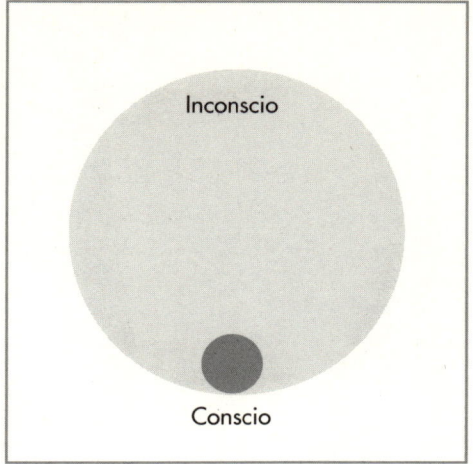

Agiscono in questa fase filtri neurologici, biologici, culturali, sociali, genetici, individuali.

Quali informazioni vengano ritenute e quali perdute dipende da dove la mente focalizza la sua attenzione e come la focalizza. In altre parole su cosa si sta concentrando e in che modo lo fa, come opera connessioni e distinzioni.

Il modo di assumere le informazioni nell'ambito di un'esperienza, di metterle in relazione e di rendersele disponibili così da poterle utilizzare in contesti analoghi o ritenuti tali, è molto personale e per ciascuno diverso.

Ciò che noi pensiamo è qualcosa che ha a che vedere con l'esperienza che abbiamo fatto, o che qualcun altro ha fatto e ci ha raccontato, inducendoci a pensarla come se l'avessimo fatta.

Quando il bambino si scotta con il ferro da stiro quella esperienza costruisce nella sua mente la convinzione che "toccando il ferro da stiro mi scotterò" e la generalizzazione "tutti i ferri da stiro scottano sempre".

Se il bambino non terrà in considerazione altre informazioni – la presa di corrente è innestata; il calore si concentra sulla piastra e non sul manico; esistono ferri da stiro giocattolo; esistono vecchi ferri da stiro usati come portafiori... –, probabilmente non toccherà mai più un ferro da stiro.

Si racconta che per tenere legato un elefante sia sufficiente un piccolo palo e una fune.

L'elefante ha elaborato, infatti, la convinzione di non essere in grado di divellere il palo, poiché da cucciolo, legato a un palo delle medesime dimensioni, i suoi tentativi di liberarsi non sono riusciti.

"Toccando il ferro da stiro mi scotterò"

In un locale pubblico fu sistemata una porta con la maniglia sul cardine. Gli adulti, che sapevano come funziona una porta, la spingevano dalla parte della maniglia e ovviamente non riuscivano ad aprirla; i bambini invece, ignari di come debba essere una vera porta, tentavano di spingerla anche dall'altra parte e così la aprivano.

Ciò che avviene nell'ambito del nostro rapporto con il mondo fisico, avviene analogamente nell'ambito delle relazioni interpersonali e influenza il nostro modo di orientarci nella vita.

Alcune particolari esperienze potrebbero aver fatto radicare in noi convinzioni del tipo: "Le persone che parlano ad alta voce possono farci del male"; "Le persone con gli occhi chiari sono buone"; "Se mi amasse veramente sarebbe geloso di me"; "Lasciarsi andare alle emozioni è disdicevole"; "È meglio dire sempre la verità"…, e di conseguenza guidarci a mettere in atto specifici comportamenti in modo ripetitivo.

A qualcuno basta anche una sola esperienza vissuta come molto intensa per costruire una convinzione, ad altri occorrono più esperienze. Le convinzioni sostenute da più esperienze sono molto forti, tanto da indurci successivamente a prendere in considerazione soltanto le informazioni che tendono a confermarle e a trascurare o addirittura a cancellare tutto ciò che potrebbe smentirle.

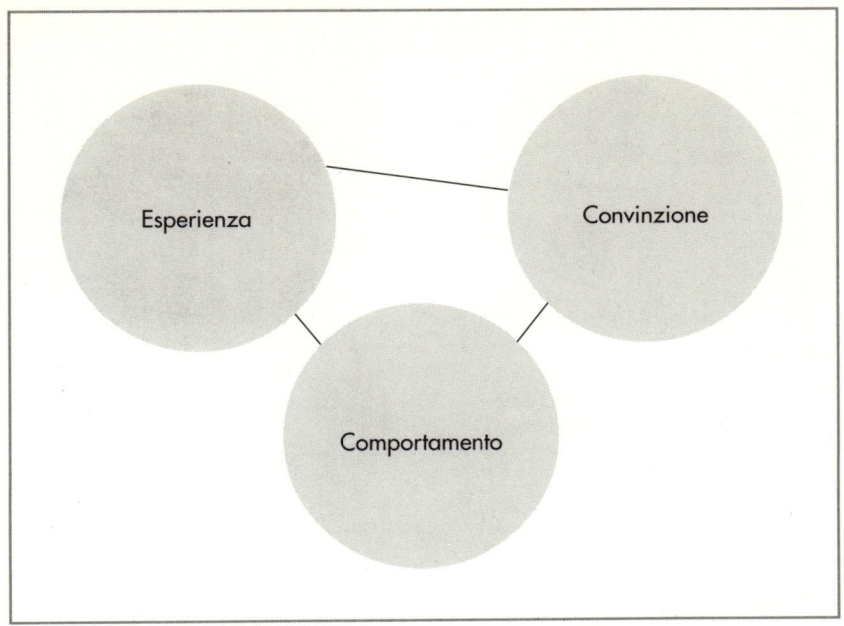

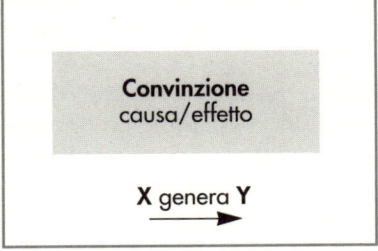 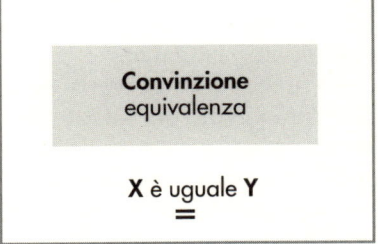

Avviene, quindi, che mentre l'interpretazione di una esperienza vissuta o rappresentata contribuisce alla costruzione di una convinzione, la convinzione medesima può influenzare e condizionare le esperienze future.

Quando queste convinzioni sono molto radicate producono comportamenti quasi obbligati e automatici. Abbiamo la sensazione di non poter fare a meno di agire in quel modo, anche quando quel comportamento risulta inefficace e ci procura disagio e insoddisfazione. Risalire alla convinzione che sottostà a quel comportamento, considerare che la convinzione è soltanto una connessione operata dal nostro modo di pensare e non una verità assoluta, consente di recuperare possibilità di scelta.

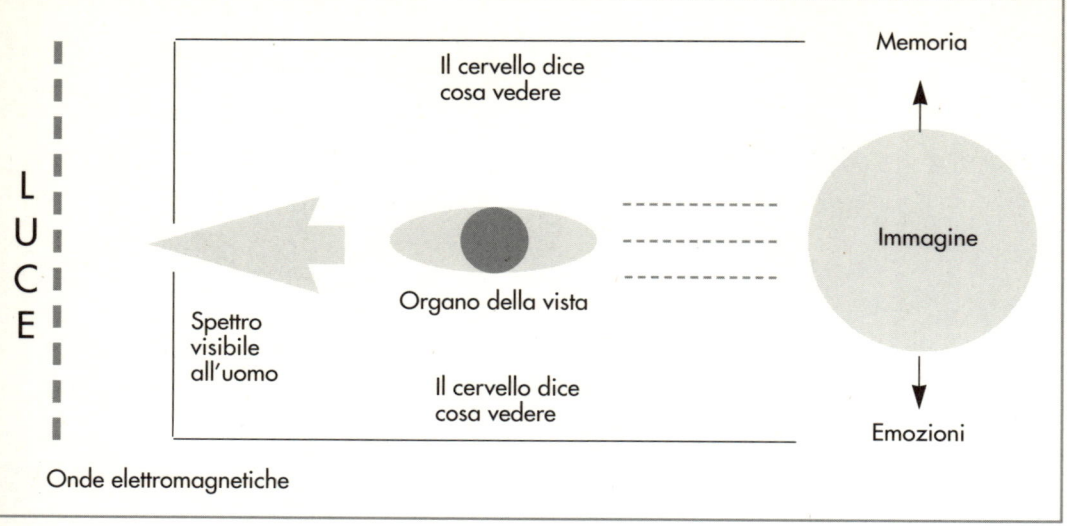

GENERALIZZAZIONI, DEFORMAZIONI, CANCELLAZIONI

Ogni volta che ricordiamo un'esperienza passata, immaginiamo un'esperienza futura, o la raccontiamo a qualcun altro, inevitabilmente deformiamo la realtà.

Il processo di costruzione di una propria realtà individuale, di un proprio modello del mondo ha la struttura di un procedimento di mappatura in cui generalizzazioni, cancellazioni, deformazioni sono indispensabili per la semplificazione, finalizzata a un immediato e funzionale utilizzo dell'esperienza. Milioni di comportamenti elementari sono possibili grazie a questo funzionamento, milioni di comportamenti dei quali è possibile prevedere le conseguenze. Comportamenti da mettere in atto, comportamenti da evitare.

Avviene nella nostra mente qualcosa di molto simile a ciò che un cartografo fa quando si accinge a elaborare una mappa.

Per realizzare una mappa realistica del mondo che ci circonda, questa dovrebbe essere grande come il mondo, tridimensionale, includere la variabile del tempo, essere in movimento e contenere un numero infinito di dettagli. Ma una mappa siffatta che utilità avrebbe? Pensate a una carta geografica in scala (dunque deformata), con l'indicazione dei rilievi, dei corsi d'acqua e del mare e la conformazione delle coste (con generalizzazioni: il mare è uno spazio blu, i fiumi sono fili in azzurro, le foreste sono macchie verdi, senza distinzioni tra le varie specie di piante…).

Avete presente la piantina di una metropolitana? Il percorso è talmente stilizzato da essere soltanto un insieme di segmenti in linea retta (deformazione) con l'indicazione delle fermate segnate da un simbolo rotondo (generalizzazione).

Oppure immaginate lo schizzo che potreste disegnare su un foglio per spiegare a un conoscente come raggiungere la vostra casa: indichereste soltanto le informazioni a lui utili per arrivarci.

Il criterio di utilità – "che cosa ci occorre per fare cosa" – impone una quantità enorme di generalizzazioni, cancellazioni e deformazioni.

Ma nessuno proverebbe a cercare una via della città con l'atlante del mondo, né con la piantina della metropolitana. Occorre la pianta della città dove le vie sono segnate tutte, benché in modo schematico, le chiese sono tutte uguali e contrassegnate da un certo simbolo, gli edifici di interesse storico da un altro simbolo, e così le scuole, gli uffici pubblici... D'accordo tutti comunque che la piantina della città non è la città.

Alla domanda: "Che cosa è per te la città?", avremo mille risposte diverse: un agglomerato di case con molti abitanti; il posto dove sono nato e dove mi piace vivere; una giungla d'asfalto; un luogo dove mi sento libero e passo inosservato; un posto caotico dove regna una grande solitudine individuale... Chiediamoci quali sono le esperienze di riferimento attraverso le quali ciascuno ha elaborato un'idea così diversa da quella di un altro. Quali criteri di scelta e di decisione ci sono dietro queste affermazioni? Quante storie diverse? Quanti modi diversi di interpretare i medesimi accadimenti, situazioni, atmosfere?

Questione di differenti mappe, appunto.

La **generalizzazione** è quella inclinazione che abbiamo a organizzare il mondo per categorie. Per esempio, categorie di persone (i vecchi, le donne, gli uomini, i bambini, i clienti, le mamme, gli sportivi) o categorie di comportamenti (camminare, guidare, scrivere). In una categoria rientrano milioni di persone individualmente molto diverse e comportamenti per nulla identici.

Le **cancellazioni** sono invece la conseguenza di un'operazione di focalizzazione dell'attenzione. Mentre siamo assorti nella lettura di un libro, non faremo caso se qualcuno entra nella stanza. La poltrona della sala di un convegno noiosissimo ci potrà sembrare molto scomoda, ma sicuramente non ci accorgiamo quanto sia scomoda la gradinata dello stadio se stiamo seguendo la partita della nostra squadra di calcio. Di fronte alla persona che ci sta rimproverando aspramente, perderemo la cognizione dell'ambiente che ci circonda per evidenziare soltanto questa presenza sgradevole e ingombrante. In pratica, cancelliamo ciò che riteniamo non essere utile prendere in considerazione in quel contesto.

Le **deformazioni** attengono invece alla nostra capacità di ricordare o prevedere situazioni modificandone la rappresentazione, in un certo senso interpretandole.

Questi processi sono assolutamente indispensabili all'apprendimento e alla nostra vita pratica; senza di essi non è possibile la memoria di nessuna esperienza, neppure quella di respirare o di muoversi. Ma l'uso indifferenziato di questi processi in tutti i contesti potrebbe avere delle conseguenze non desiderabili per noi. A volte è necessario prenderne consapevolezza, evidenziarne la struttura per comprenderne la non funzionalità e operare scelte di nuovi comportamenti.

L'uomo in conseguenza di un medesimo stimolo può scegliere fra una grande varietà di possibili comportamenti. Un bambino che faceva un bagno nel mare è finito con la testa sott'acqua, ha bevuto e ha sperimentato una sensazione di soffocamento e di panico. Può decidere di non toccare mai più l'acqua o di farlo usando molta cautela e prudenza; può dirsi che lo farà soltanto in compagnia di qualcuno che sia capace eventualmente di soccorrerlo; potrà pensare che è stato un puro caso o credere che ognuno ha il suo destino; oppure potrà decidere di accrescere la sua perizia e iscriversi a un corso di nuoto... Bambini diversi avranno risposte diverse, eppure l'esperienza potrebbe essere stata abbastanza simile.

Pensate a un mattino nebbioso in una rigida giornata d'inverno. Il ragazzo eccitato per il suo primo giorno di lavoro, il vecchio che aspettava il sorgere del sole dopo una notte insonne, qualcuno che va alla stazione per accogliere una persona cara di ritorno da un viaggio, il lavoratore notturno che torna a casa per riposare, le tante persone che aspettano infreddolite alla fermata del tram per iniziare una giornata faticosa e uguale a mille altre. Il mattino nebbioso non sarà percepito nello stesso modo da tutti.

Immaginate dei bambini in un'aula scolastica. Hanno molte cose in comune: l'età, il quartiere in cui vivono, la stessa cultura, abitudini simili; la medesima maestra spiega a tutti con le medesime parole. Eppure è certo che se fosse chiesto loro di descrivere semplicemente l'aula in cui si trovano, direbbero cose molto diverse: che l'aula è molto grande, oppure che c'è poco spazio fra i banchi; che c'è molto silenzio, oppure che infastidisce il rumore del gesso sulla lavagna; che le pareti sono molto pulite, oppure che le pareti sono disadorne, per qualcuno sono di un verde chiaro, per altri di un verde nient'affatto chiaro; le sedie sono troppo alte, oppure troppo basse. Stanno tutti condividendo il medesimo spazio fisico, ma persino quello spazio è percepito da ciascuno diversamente.

Ricordate le sensazioni che si provano sulle montagne russe al luna park? Scariche di adrenalina, accelerazione del battito cardiaco, vampate di calore al viso, tuffo al cuore. Stessi identici sintomi di ciò che qualcuno definisce terrore e che qualcun altro definisce divertente euforia.

C'è quindi da chiedersi se esista una realtà oggettiva o se quella che noi chiamiamo realtà non sia soltanto un'area di comune condivisione, un punto convenzionale di riferimento per comunicare.

In questa prospettiva, anche ciò che noi chiamiamo "l'altro", è una nostra rappresentazione interna dell'altro, come noi lo percepiamo.

Le scariche di adrenalina e le sensazioni fisiche stimolate dalle montagne russe del luna park sono per alcuni terrore puro per altri fonte di divertimento

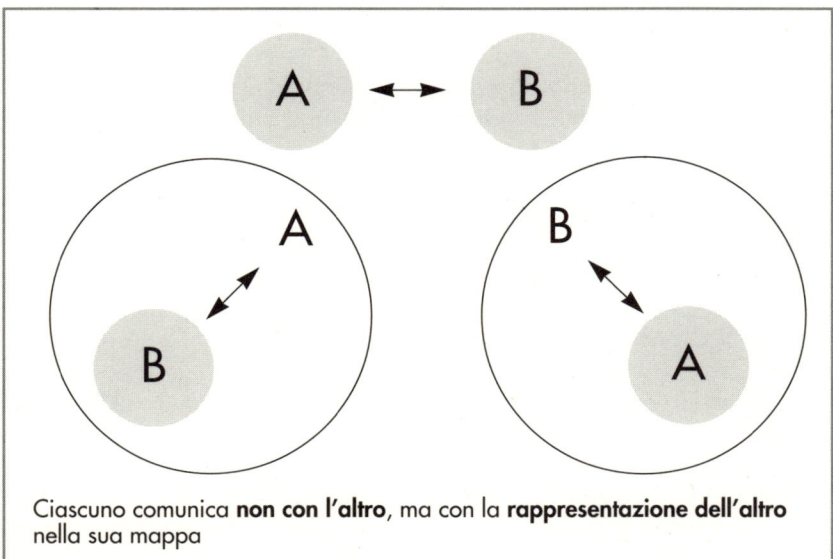

Ciascuno comunica **non con l'altro**, ma con la **rappresentazione dell'altro** nella sua mappa

I LIVELLI LOGICI

Ogni volta che ciascuno di noi vive un'esperienza, può analizzarla ponendosi alcune domande.

Dove sono?	La risposta definisce il **contesto** (luogo, tempo, con chi).
Cosa faccio?	La risposta definisce il **comportamento**.
Come lo faccio?	La risposta definisce **abilità**, risorse.
Di che cosa sono convinto?	La risposta definisce le **convinzioni**.
Che cosa è importante per me qui e ora?	La risposta definisce i **valori**.
Io chi penso di essere qui, e ora?	La risposta definisce l'**identità**.

Spieghiamoci con un esempio:

■ sono nel salotto di casa mia, sprofondato sul divano, da solo; è sera; rimarrò qui un paio d'ore (contesto);

■ sto leggendo un libro che mi piace (comportamento);

■ so leggere; leggo abbastanza lentamente perché voglio assaporare lo stile dell'autore e ricreare nella mia fantasia le immagini che descrive (abilità);

■ quello che sto facendo mi procura benessere (convinzione);

■ è un momento per me di distensione e di godimento (valori);

■ sono un appassionato di bei romanzi (identità).

Ogni nostra esperienza è quindi scomponibile a diversi livelli profondamente correlati.
Un cambiamento a un livello può produrre cambiamenti a livelli diversi.
Sempre restando nell'ambito del comportamento "leggere", se fossi in un contesto diverso, per esempio di mattina in tram e avessi solo pochi minuti di trasferimento, leggerei di sfuggita qualche titolo sul

quotidiano. Le abilità che attiverò saranno: isolare il vociare delle persone, mantenermi in equilibrio mentre leggo in piedi, cogliere rapidamente con lo sguardo i titoli senza perdere di vista le fermate.

Sono convinto che facendo questo ingannerò la noia del tragitto. Ciò che potrebbe essere importante per me è l'ottimizzazione del mio tempo. Mentre faccio ciò, penso di essere un lavoratore che si sveglia presto al mattino.

Ma un'altra persona potrebbe non variare il suo comportamento anche in presenza di variazioni così importanti nel contesto e fare esattamente quello che farebbe nella poltrona comoda di casa sua. Ci sono persone che divorano romanzi o addirittura studiano sui mezzi pubblici e sono completamente assorte in ciò che fanno.

Tre persone si incontrano e si dicono: "Io amo molto leggere"; crederanno di essere in qualche modo simili, ma stanno parlando della stessa cosa?

Nel prospetto che segue analizziamo e scomponiamo questa espressione condivisa, addirittura mantenendo un contesto identico: è curioso notare come sotto un comportamento dichiarato come analogo soggiacciano mappe diverse.

Lo stesso comportamento, leggere un libro, può essere messo in atto con modalità molto differenti in contesti diversi; alcuni riescono a estraniarsi da ciò che li circonda, continuando a leggere come se fossero seduti nella loro comoda poltrona

	1° esempio	2° esempio	3° esempio
Identità	sono un appassionato di bei romanzi	sono un introverso senza amici	sono uno studioso
Valori	distensione, godimento	compagnia, saggezza	conoscenza, sapere
Convinzioni	fare ciò mi procura piacere	fare ciò mi consola	fare ciò accresce la mia competenza
Abilità	assaporo lo stile dell'autore, ricerco nella mia fantasia le immagini che descrive	cerco dei messaggi significativi per me, continuamente confronto ciò che descrive l'autore con ciò che accade	soppeso bene le parole, capisco, mando a memoria
Comportamento	leggo un libro	leggo un libro	leggo un libro
Contesto	sono nel salotto di casa, sprofondato nel divano, è sera	sono nel salotto di casa sprofondato nel divano, è sera	sono nel salotto di casa, sprofondato nel divano, è sera

MAPPE A CONFRONTO

Quando gli essere umani si incontrano lo possono fare a livelli logici diversi. Mantenendo ciascuno la propria mappa del mondo.
Possono condividere:

■ un contesto: gli impiegati della stessa banca, gli scolari della stessa classe, gli abitanti dello stesso paese;

■ un comportamento: andare al cinema al sabato sera, visitare i musei quando sono in viaggio, mettersi a dieta prima delle vacanze;

■ abilità specifiche: i giocatori di calcio, le ballerine, i matematici, i pittori, i musicisti;

■ convinzioni: "Il tempo è denaro", "Chi la fa l'aspetti";

■ valori: lealtà, ambizione, coraggio, prudenza;

■ il senso della propria identità: sono un buon padre, sono un vero amico, sono uno studente modello, sono un lavoratore onesto.

Pur con tutte le differenze, le mappe possono trovare un'area comune.

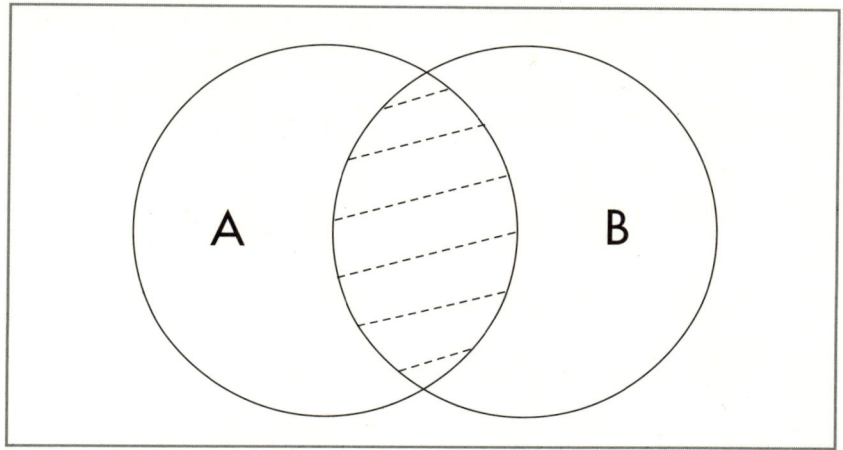

Quando siamo innamorati, è naturale l'esigenza di capire di più l'altro e di condividere qualsiasi cosa o, quando ammiriamo qualcuno, il desiderio di voler fare nostre alcune caratteristiche di quella persona. Se ciò avviene, noi ampliamo la nostra mappa tanto da includere elementi della mappa dell'altro.

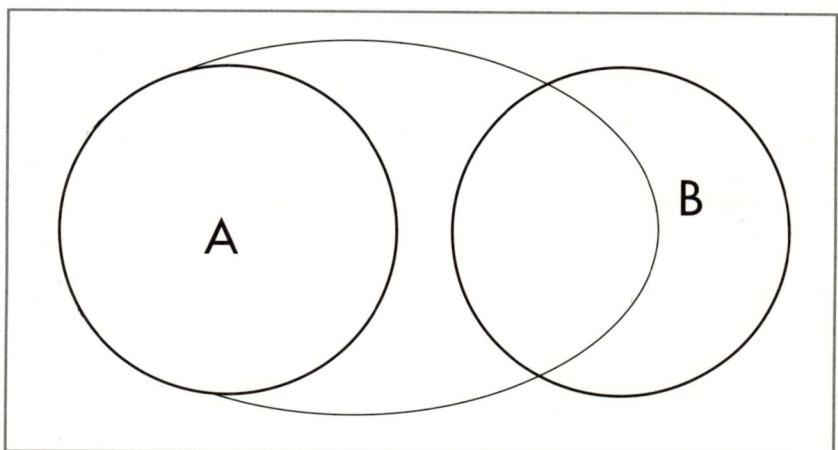

L'AMPLIAMENTO DELLA MAPPA

Ogni volta che siamo disposti ad acquisire nuove informazioni e a elaborare nuovi apprendimenti, noi modifichiamo la nostra mappa del mondo.

Ogni volta che sfidiamo una nostra convinzione per attuare un comportamento insolito per noi, ampliamo la nostra mappa.

Ci sono persone poco disposte a fare questo, con mappe molto rigide, altre più inclini a inglobare conoscenze e a sperimentare nuove vie, con mappe più flessibili e in continuo ampliamento.

L'obiettivo dovrebbe essere quello di aumentare il numero delle scelte di comportamenti possibili, ciascuno efficace in precisi contesti.

ESERCITAZIONE

A coppie.

- Ciascuno racconta all'altro un episodio della propria vita in cui si è trovato ad agire in un modo diverso dal solito, e questo comportamento ha prodotto risultati molto soddisfacenti.

- L'altro aiuta chi sta raccontando a individuare il pensiero e lo stato d'animo immediatamente precedente alla decisione di agire.

IL MODELLAMENTO

Quando ci imbattiamo in comportamenti eccellenti, in manifestazioni di abilità o semplicemente incontriamo persone "molto brave a fare qualcosa", sappiamo che non sono doti innate ma risultati di un apprendimento.

La struttura della costruzione della mappa altro non è che una struttura di apprendimento di comportamenti efficaci per il raggiungimento di obiettivi.

Se chiediamo a un bambino piccolo se sa suonare, è probabile che ci risponda: "Sì", semplicemente perché immagina se stesso mentre suona, oppure che ci risponda: "Non ci ho mai provato"; difficilmente risponderà che non è capace.

Ma gli adulti hanno elaborato molte convinzioni limitanti a proposito di ciò che sanno o non sanno fare.

Di fatto tutto si può apprendere.

Quando incontriamo una persona che manifesta una particolare abilità che anche noi vorremmo avere, chiediamoci "come fa a farlo", analizziamo le sequenze dei suoi comportamenti, possiamo individuare la sua strategia, creare un modello e quindi replicarlo.

IL CICLO DI SVILUPPO DI UNA NUOVA CAPACITÀ

I fase: incompetenza inconscia
■ Non ho una capacità e non lo so.

II fase: incompetenza conscia
■ Osservo qualcuno e mi accorgo che la capacità esiste e che io non la so.

III fase: competenza conscia
■ Mi alleno all'imitazione di un modello.
È il momento della goffaggine. Per esempio, imparo a guidare: mentre guardo nello specchietto retrovisore, tengo le mani sul volante, muovo i piedi sull'acceleratore e il freno, cambio marcia, ho difficoltà a sincronizzare tutti i movimenti e devo prestare molta attenzione a ciò che sto facendo.

IV fase: competenza inconscia
■ Agisco senza più pensare, la capacità è diventata automatica. Mentre guido posso fare altre cose: parlare con il vicino, ascoltare le parole della canzone alla radio...

Due esempi di automatismo

Se volessi ulteriormente affinare quest'ultimo livello di competenza automatica, dovrei ritornare alla fase iniziale.

Supponiamo che voglia diventare pilota di rally: non so bene quali siano le capacità da affinare. Poi osserverò un pilota bravo e allora scomporrò la capacità di guidare in ulteriori più sottili sequenze da riprodurre, finché di nuovo non diventeranno automatiche.

Analogamente si possono apprendere abilità quali comunicare con efficacia, avere una conversazione divertente, mettere a proprio agio le persone, passare inosservati, attirare l'attenzione degli altri...

In breve

■ *Ogni essere umano ha una sua idea del mondo, una chiave di lettura che gli consente di orientarsi, prendere delle direzioni, compiere delle scelte funzionali per sé. Questa idea ha una valenza soggettiva, non un carattere di verità assoluta.*

■ *Nella costruzione della mappa abbiamo individuato alcuni processi:*

– *il rapporto fra esperienza, convinzione, comportamento;*

– *le funzioni di generalizzazione, cancellazione, deformazione;*

– *il modellamento di alcune capacità o comportamenti eccellenti.*

■ *Abbiamo altresì enunciato alcuni criteri di distinzione che possono essere utili per analizzare proprie esperienze diverse e raffrontarle, così come comparare nostre e altrui esperienze.*

■ *L'argomento trattato non si esaurisce qui, ma sarà ulteriormente sviluppato nel corso dell'intero manuale. Ciò che in questa fase può apparire ancora opinabile e per qualche verso non completamente condivisibile sarà approfondito nei capitoli che seguono. Può infatti essere considerato un presupposto ma, al tempo stesso, il risultato della nostra dimostrazione.*

Concludendo

Ogni volta che durante la lettura di questo libro apprenderete qualcosa ciò avverrà a due livelli.
A livello personale prenderete consapevolezza di alcuni processi agiti in modo inconsapevole, automaticamente, e in alcuni casi ciò potrebbe essere molto vantaggioso per recuperare risorse dimenticate, superare convinzioni limitanti o uscire da alcuni comportamenti che non piacciono ma che sono vissuti come obbligati.
A livello di relazioni interpersonali prenderete consapevolezza che esistono modi di pensare e di esprimersi molto differenti dai propri, ma altrettanto validi. Dal confronto con questi noi possiamo imparare a evolvere e nel contempo a comunicare efficacemente.
D'altra parte la PNL è lo studio dell'esperienza soggettiva. Si occupa cioè di ciò che l'uomo "già fa e sa fare", per elaborare un modello di funzionamento.
Tutto ciò che andremo sviluppando nei capitoli successivi sarà quindi sperimentabile semplicemente e, più che una scoperta, sarà qualcosa di fronte a cui spesso diremo: "È proprio così, non ci avevo mai pensato!".

CAPITOLO 4

Il mondo esterno e il mondo interiore
■ ■ ■

I vostri amici sono stati invitati a una festa da una nuova conoscenza, vi incuriosisce molto l'occasione e chiedete a ciascuno come sia andata. Che tipi di persone c'erano?

■ Uno ne descriverà l'abbigliamento (prestando attenzione all'aspetto Visivo – V);

■ uno ne ricorderà le battute o le conversazioni (prestando attenzione all'aspetto Auditivo – A);

■ un altro dirà che le persone gli sono piaciute molto e che si è trovato molto bene (prestando attenzione alle Sensazioni – K).

Com'era l'ambiente?

■ Qualcuno ci racconterà dell'arredamento (Visivo – V);

■ qualcuno ci dirà che c'era veramente dell'ottima musica (Auditivo – A);

■ qualcuno ricorderà che c'era un'atmosfera davvero piacevole (Cenestesico – K).

I vostri colleghi hanno organizzato per il weekend una gita e voi vorreste avere la loro impressione sul luogo.

- Uno dirà che ha ammirato un tramonto stupendo (Visivo – V);

- uno che il luogo era molto silenzioso (Auditivo – A);

- uno che i luoghi erano molto rilassanti (Cenestesico – K);

- un altro che regnava ovunque un intenso profumo d'erba (Olfattivo – O);

- un altro che avevano assaggiato frutti di bosco davvero deliziosi (Gustativo – G).

Pur delimitando il racconto in un contesto ben specificato e a un particolare aspetto del contesto, le descrizioni che otterrete saranno molto differenti.

Non sarebbe esatto dire che ciascuno ha una propria opinione dell'esperienza – nei casi menzionati le opinioni sono per così dire tutte "positive" – ma ognuno ha voluto descrivere qualcosa piuttosto che altro, e ciò fa supporre che abbia preferito allora prestare attenzione ad alcune informazioni piuttosto che ad altre. È come se in quel momento, di fronte a una grande quantità di stimoli, ogni persona decidesse di selezionarne ed elaborarne soltanto alcuni.

I NOSTRI SENSI E I SISTEMI RAPPRESENTAZIONALI

Sappiamo che l'unico modo che abbiamo di percepire la realtà che ci circonda è attraverso i nostri cinque sensi.

E sappiamo che questa facoltà è naturalmente condizionata da vincoli neurologici.

Siamo in grado di vedere le radiazioni luminose di uno spettro limitato.

Possiamo udire i suoni soltanto in una gamma di frequenze limitata. Possiamo distinguere sensazioni tattili diverse in conseguenza di stimoli identici.

Alcuni animali, pur dotati dei medesimi sensi, hanno facoltà di percezione diverse da quelle degli esseri umani.

Quindi, già nella nostra struttura biologica esistono delle limitazioni che deformano la realtà e ne elidono delle parti.

Aggiungeremo a questo punto che ciascuno di noi manifesta una predisposizione a percepire la realtà privilegiando uno o più canali sensoriali.

Pertanto ciascuno si forma una sua propria e personalissima rappresentazione del mondo.

Evidentemente la funzione di selezione e di filtro delle informazioni che rende disponibili soltanto quelle utili alla propria vita pratica è indispensabile per non essere sommersi e confusi da una miriade di dati, ma teniamo sempre presente che la nostra rappresentazione della realtà non è la realtà, è piuttosto uno strumento che costruiamo per muoverci al suo interno.

Definiamo "sistemi rappresentazionali" i processi sensoriali costruttivi e descrittivi attraverso i quali ciascuno elabora nel suo pensiero la propria rappresentazione interna della realtà.

I sistemi rappresentazionali sono quindi tanti quanti i nostri canali sensoriali.

Sistemi rappresentazionali	Canali sensoriali
V – visivo	vista
A – auditivo	udito
K – cenestesico o propriocettivo	– sensazioni tattili (percepite tramite la pelle: liscio, ruvido, caldo, freddo, pungente, morbido, duro...) – sensazioni propriocettive (sensazioni interne localizzate nel corpo: vuoto nello stomaco, pugno nello stomaco, colpo al cuore, stretta al cuore, onda nella testa, chiodo nella testa, senso di soffocamento, come un fiume che scorre dentro, fuoco nelle vene, gambe molli...) – emozioni (che sono interpretazioni delle sensazioni precedenti: disagio, eccitazione, paura, esaltazione...)
O – olfattivo	olfatto
G – gustativo	gusto

Fra le persone mediamente si riscontra:

- il 40% di visivi;

- il 20% di auditivi;

- il 40% di cenestesici.

Questo non significa che una persona visiva sia sempre visiva (in contesti diversi potrebbe privilegiare sistemi diversi) né significa che una persona visiva sia soltanto visiva (ma il sistema visivo è quello che preferisce utilizzare con più frequenza o in modo predominante rispetto agli altri).

In alcuni ambienti sembrerebbe naturale scegliere un sistema rappresentazionale.

Per esempio:

- in occasione di una mostra di pittura, il sistema rappresentazionale visivo;
ma per qualcuno ci sono colori dissonanti (Auditivo – A), per altri colori caldi e freddi (Cenestesico – K);

- in occasione di un concerto, l'auditivo;
ma per qualcuno la musica è evocatrice di visioni (Visivo – V), per altri la musica è travolgente (Cenestesico – K);

- in occasione di un saggio di ballo, il cenestesico;
ma per qualcuno danzare è disegnare forme nell'aria (Visivo – V), per altri è raggiungere l'armonia (Auditivo – A).

Che cosa ci porta a preferire inconsciamente un sistema rappresentazionale?

Probabilmente buona parte dipende dall'educazione ricevuta e dagli strumenti che avevamo a disposizione già dalla prima infanzia per esplorare il mondo circostante e per esprimerci.

Buona parte proviene anche dalla storia personale di ciascuno e da come l'utilizzo di un sistema piuttosto che di un altro abbia determinato in alcuni casi dei vantaggi o in altri casi sia magari correlato a eventi spiacevoli.

Dal modo di atteggiarsi del corpo, dai movimenti (linguaggio non verbale), così come dall'impostazione della voce (linguaggio paraverbale) è possibile riconoscere i sistemi rappresentazionali preferiti da ciascuno.

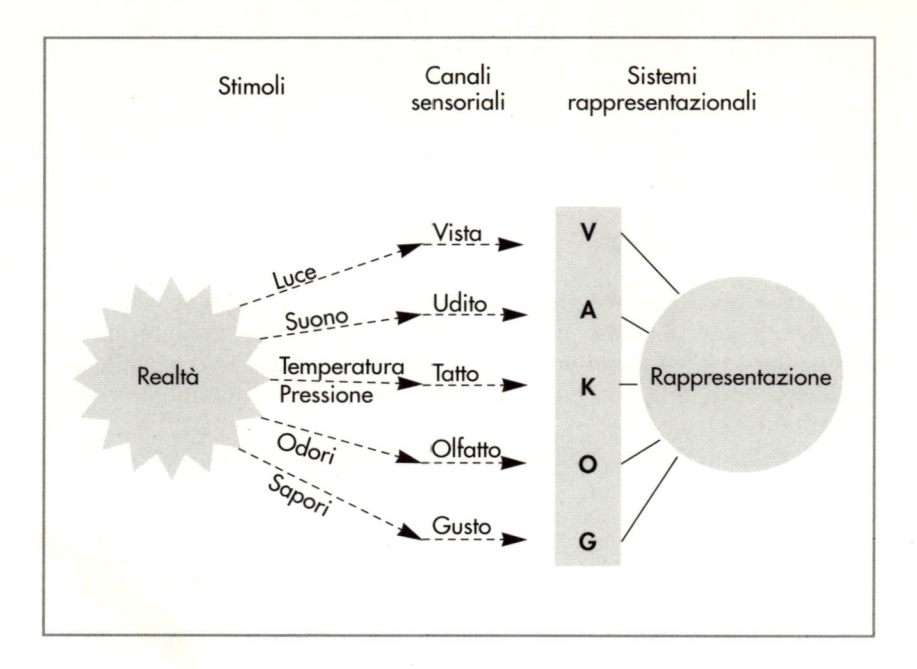

```
         Stimoli         Canali            Sistemi
                         sensoriali        rappresentazionali

                    ----> Vista  ---->  V
              Luce
              Suono ----> Udito  ---->  A
   Realtà     Temperatura
              Pressione ----> Tatto ---> K  — Rappresentazione
              Odori ----> Olfatto ---->  O
              Sapori
                    ----> Gusto  ---->  G
```

	Postura	Respirazione	Qualità della voce
Visivo	corpo eretto, gestualità rivolta verso l'alto, le mani compiono movimenti ampi	alta (toracica), breve e rapida	acuta, ritmo variabile, piuttosto veloce
Auditivo	testa inclinata, braccia conserte, le mani portate spesso al viso, movimenti ritmici	media (tra torace e addome) con lunga espirazione	modulata, armoniosa, ritmo costante
Cenestesico	sguardo basso, muscolatura rilassata, le mani che sfiorano il torace e lo stomaco, movimenti lenti	addominale, molto profonda	bassa e profonda, ritmo lento, pause, difficoltà a esprimersi

In che modo può esserci utile riconoscere il sistema rappresentazionale preferito da una persona?

Per esempio, mentre stiamo cercando di vendere un abito a una signora:

■ se la signora è visiva, sarà importante farla specchiare, esaltare i colori del tessuto, la forma della linea;

■ se la signora è cenestesica, sarà bene indurla a toccare la morbidezza del tessuto e a sperimentare la sensazione di tepore che proverà indossandolo, la comodità della linea ampia o l'aderenza che l'avvolge come un guanto;

■ se la signora è auditiva, l'impresa è più ardua: se l'abito fosse di seta pesante si potrebbe esaltare il fruscio della gonna al suo incedere; oppure commentare con espressioni del tipo: "Chissà cosa dirà suo marito di quest'abito!", "Glielo devo proprio dire è un incanto!".

Anche in un contesto di apprendimento è molto importante riconoscere i sistemi rappresentazionali. Un insegnante utilizzerà molto il sistema visivo disegnando schemi sulla lavagna, molto il sistema auditivo raccontando e modulando la sua voce, altrettanto il sistema cenestesico quando chiederà agli allievi di attivarsi con esercitazioni pratiche.

Un negozio che voglia essere accogliente per tutti curerà i dettagli dell'arredamento e la posizione delle luci, ma anche sceglierà personale con un tono di voce gradevole, potrà diffondere un discreto sottofondo musicale, porrà attenzione alla temperatura dell'ambiente, e inviterà le persone che attendono a sedersi.

TEST

Qual è il vostro sistema rappresentazionale preferito?
Siete visivi, auditivi o cenestesici?
Fare il test che segue può aiutarvi a scoprire la vostra inclinazione.
Il test è composto da sei situazioni differenti in cui dovrete scegliere, fra le quattro opzioni, la sola frase che voi stessi pronuncereste.
Di seguito nella tabella riportate i risultati.
Per una maggiore credibilità dell'esito del test, rispondete con immediatezza.

1. In riunione con il capo
   a. Le illustro il progetto ☐
   b. Le spiego il progetto ☐
   c. Le parlo del progetto ☐
   d. Le racconto del progetto ☐

2. Al ristorante
   a. Che piatto mi suggerisce? ☐
   b. Cosa c'è di buono? ☐
   c. Mi fa vedere il menu? ☐
   d. Cosa mi farà assaporare? ☐

3. In una discussione
   a. Non sono affatto d'accordo! ☐
   b. Ho un punto di vista totalmente diverso dal tuo! ☐
   c. Sento che sei in errore! ☐
   d. Quel che dici non mi suona bene! ☐

4. Consigliando un amico
   a. Per far presa dovrai essere deciso! ☐
   b. Per emergere dovrai essere deciso! ☐
   c. Per apparire dovrai essere deciso! ☐
   d. Per richiamare l'attenzione dovrai essere deciso! ☐

5. In un'agenzia di viaggi
   a. Mi faccia vedere qualche depliant ☐
   b. Mi dica che viaggi organizzate ☐
   c. Mi faccia afferrare i vantaggi delle vostre offerte ☐
   d. Mi mostri i vostri viaggi ☐

6.	Riflettendo	
a.	Guarda un po' che problema	☐
b.	Lo vedo come un problema	☐
c.	Mi suona come un problema	☐
d.	Lo sento come un problema	☐

Tabella di elaborazione delle risposte						
Opzioni	1	2	3	4	5	6
a	V	A	A	K	V	V
b	K	K	V	K	A	V
c	A	V	K	V	K	A
d	A	K	A	A	V	K

Totale V (visivo): ....
Totale A (auditivo): ....
Totale K (cenestesico): ....

Riconoscere il proprio sistema rappresentazionale preferito è molto utile per la conoscenza di sé.

Raccontava una ragazza che, scopertasi auditiva, aveva riconosciuto come tutte le esperienze più significative della sua vita fossero sottolineate da una voce che pronunciava una frase. Di molte circostanze ella ricordava soprattutto ciò che era stato detto, parola per parola.

Capì anche perché spesso si faceva convincere da persone con un bel timbro di voce, e aveva una spiccata abilità ad abbinare a ogni situazione una canzone che conosceva.

Tollerava di non vedere la sua migliore amica per mesi, ma doveva assolutamente sentirla per telefono.

Trovava curioso che tanti comportamenti, apparentemente casuali, a un tratto rivelassero un nesso.

ESERCITAZIONE

Obiettivi:

- sperimentare tutti i sistemi rappresentazionali;
- riconoscere come sia più facile raccontare un'esperienza con il sistema rappresentazionale che si preferisce;
- allenarsi all'uso anche degli altri sistemi.

A coppie o a gruppi di quattro.

- Si sceglie una favola conosciuta da tutti.
- A comincia a raccontarla in Visivo.
- B prosegue in Auditivo.
- A prosegue in Cenestesico.
- B prosegue in Visivo.
- A prosegue in Auditivo.
- B prosegue in Cenestesico.
- Ciascuno riferirà quale sistema sia stato più facile utilizzare e quale più difficoltoso.

LE SOTTOMODALITÀ

Abbiamo visto come l'esperienza della realtà sia qualcosa di "malleabile" nella misura in cui dipende da come noi ce la rappresentiamo.

Noi non sappiamo dire che cosa abbiamo fatto o che cosa sia successo, ma soltanto che cosa *pensiamo* di avere fatto e che cosa *pensiamo* sia successo.

Possiamo inoltre aggiungere che il modo stesso in cui ci raccontiamo l'esperienza la condiziona e ne determina il significato.

Proviamo a spiegarci con un esempio.

Supponiamo che si abbia un ricordo molto spiacevole di un colloquio di lavoro avuto con un nostro superiore.

Ripensandoci potremo rivedere l'ufficio in cui si è svolta la scena, l'immagine potrà essere piccola oppure a grandezza naturale, essere delimitata oppure senza contorni definiti, vicina a noi oppure distante, a colori oppure in bianco e nero. Potremmo ricordare magari dei suoni che provenivano dalla stanza accanto oppure un silenzio molto pesante rotto soltanto dalla voce stridula dell'interlocutore.

Se ricordiamo la stanza in penombra, possiamo immaginare di illuminarla con una gran bella luce e sperimentare se qualcosa dentro di noi cambia.

Se il nostro interlocutore si muoveva nella stanza a passi molto lenti e cadenzati, possiamo accelerare il suo movimento fino al punto che la scena assuma i ritmi di una comica, e sperimentare se la nostra sensazione cambia.

Potremmo pensare di associare alla scena una colonna sonora vivace e spiritosa e sperimentare se qualcosa dentro di noi si modifica.

Definiamo "sottomodalità" gli elementi di ciascun sistema rappresentazionale che operano al suo interno delle distinzioni, determinandone la specificità e contribuendo all'attribuzione di significato.

Variando le sottomodalità in un sistema, la rappresentazione si modifica, così come il significato che le si attribuisce e la sensazione che a quella rappresentazione si collega.

Definiamo sottomodalità "critica" quella che, più delle altre, variando provoca una trasformazione "sostanziale" della rappresentazione, del suo significato e della sensazione collegata.

Il modo di vivere un'esperienza e di attribuirgli significato dipende da come la costruiamo attraverso la selezione e l'elaborazione delle informazioni con i sistemi rappresentazionali, ma è pure vero che continuare a rappresentarcela con le stesse sottomodalità rafforza quel significato.

Viceversa cambiare anche un solo elemento di quella rappresentazione indebolisce quel significato e apre strade a nuove e diverse interpretazioni.

Riferendoci all'esempio precedente del colloquio di lavoro, il significato attribuito a quella situazione e lo stato di ansia o di spiacevolezza collegato probabilmente lo avremmo replicato anche in successivi colloqui, quando magari non avremmo avuto nessun motivo per essere in ansia, o in situazioni analoghe benché diverse o di fronte a interlocutori somiglianti.

CINQUE DIVERSE SOTTOMODALITÀ VISIVE DELLA MEDESIMA SITUAZIONE.

a. Sottomodalità visiva "bianco e nero"

b. Sottomodalità visiva "sfocato"

Il mondo esterno e il mondo interiore

c. Sottomodalità visiva "annebbiato"

d. Sottomodalità visiva "zoom"

e. Sottomodalità visiva "tunnel"

Alcune sottomodalità

Visive

dimensione	grande, piccola, a grandezza naturale
distanza	vicina, lontana da sé
ubicazione	sopra, sotto, di fianco, davanti a sé
contorno	incorniciata, senza contorni definiti
forma del contorno	rotonda, quadrata, ovale
volume	a panorama, a tunnel, a imbuto
spazio	piatta, tridimensionale
movimento	come una fotografia, come un film
velocità del movimento	veloce, lento, a scatti
colore	in bianco e nero, colorata
luminosità	chiara, scura
lucentezza	lucida, opaca
messa a fuoco	a fuoco, sfocata
nitidezza	nitida, sfumata

Auditive

distanza	vicino, lontano da sé
provenienza	da dove proviene
volume	alto, basso
tono	acuto, basso
timbro	qualità
velocità	veloce, lento
ritmo	continuo, intermittente, cadenzato

Cenestesiche

localizzazione	dove si sente
estensione	puntuale, estesa
consistenza	solida, fluida
durata	continua, va e viene
intensità	forte, debole
temperatura	calda, tiepida, fredda, gelata
pressione	lieve, leggera, pesante
movimento	statica, in movimento

Ma se noi possiamo cambiare qualcosa della nostra rappresentazione potremo liberarci da quello che ci sembra un condizionamento inevitabile.

ESERCITAZIONE

A coppie.

- A racconta una esperienza moderatamente spiacevole.

- B sollecita con delle domande l'esplorazione da parte di A delle sottomodalità dei sistemi rappresentazionali (per esempio: "Cosa vedi? Come è l'immagine? È a colori o in bianco e nero? Ci sono suoni? Da dove provengono? Il volume è alto o basso?). È importante che B conduca A a esplorare la *sua* rappresentazione senza influenzamenti e suggerimenti di opzioni, poiché *quella è la rappresentazione di A*.

- Poi B chiederà ad A di variare una o più sottomodalità.

- A riferisce a B al variare di quale sottomodalità la propria sensazione rispetto alla situazione si è modificata (sottomodalità critica).

Mi raccontava un amico che ogni volta che saliva in auto con la fidanzata finivano inevitabilmente per litigare. Ciò non avveniva in altri luoghi. Gli chiesi di descrivermi bene la situazione, con tutte le sottomodalità.

Mi disse che nella sua immagine il cruscotto era molto ingombrante e il volante molto vicino a sé e questo gli dava la sensazione di non potersi muovere e di non riuscire a vedere bene la strada.

Gli chiesi allora che cosa sarebbe accaduto se avesse allontanato il volante e abbassato il livello del cruscotto e mi disse che la sensazione spiacevole sarebbe svanita e avrebbe potuto vedere bene la strada che percorreva attraverso tutta la superficie del parabrezza.

Non litigò più in auto con la fidanzata.

Quello che è importante capire è che un cambio di sottomodalità nella descrizione di qualcosa che è accaduto, non modifica soltanto il ricordo, ma la rappresentazione in cui si è vissuta l'esperienza e in cui si potrà ripetere.

Noi non siamo mai calati in una realtà oggettiva, ma stiamo dentro una realtà rappresentata da noi, non soltanto quando la ricordiamo, ma nell'attimo stesso in cui la viviamo. È ovvio che un cruscotto d'auto non si muove avanti e indietro, né si gonfia e si sgonfia, ma il mio amico quando entrava in auto con la fidanzata percepiva a suo modo l'abitacolo.

Noi abbiamo il potere di cambiare le nostre rappresentazioni, e quindi le sensazioni a esse collegate possono cambiare.

Abbiamo tutti sperimentato per esempio come anche la cognizione del tempo sia qualcosa di estremamente soggettivo. Nello stesso intervallo di tempo convenzionale (un'ora, un minuto) il tempo vola o il tempo si dilata a dismisura, secondo quello che stiamo facendo.

In breve

■ *Conosciamo la realtà che ci circonda attraverso le percezioni dei nostri canali sensoriali.*

■ *Se caliamo persone diverse nella medesima identica situazione oggettiva, ciascuno ne ricaverà un'esperienza diversa. Ognuno riceve stimoli diversi, elabora interiormente una rappresentazione di quanto sta vivendo, le attribuisce un significato e in quel modo la ricorda e la racconta a sé e agli altri.*

■ *La percezione di una rappresentazione avviene utilizzando i sistemi rappresentazionali (Visivo, Auditivo, Cenestesico, Olfattivo, Gustativo) e la sua costruzione, elaborazione o modifica dipende dalla scelta delle sottomodalità utilizzate.*

Concludendo

A questo punto sappiamo che abbiamo la possibilità di dirigere e focalizzare la nostra attenzione secondo modalità diverse e possiamo imparare a utilizzare tutti i sistemi rappresentazionali sperimentando cosa avviene se integriamo le nostre consuete rappresentazioni con elementi che avevamo finora trascurato, e cosa avviene se ne modifichiamo le sottomodalità.
Ne deriverà una grande ricchezza di informazioni.
Avere più informazioni amplierà la gamma delle possibilità di scelta *e questo ci sarà di aiuto quando vorremo farci delle idee sulle situazioni, quando avremo decisioni da prendere o quando semplicemente ci chiederemo come valga la pena di comportarsi in alcune situazioni. Risulterà, inoltre, più semplice* comprendere le persone *con le quali ci rapportiamo se proveremo a riconoscere il loro mondo attraverso il loro modo di rappresentarselo.*

CAPITOLO 5

Lo sguardo e le parole
■ ■ ■

Secondo un'antica credenza, gli occhi sarebbero lo specchio dell'anima. Siamo abituati a interpretarne la posizione come segnali di stati d'animo: se qualcuno tiene gli occhi bassi è timido, se non ci guarda ha qualcosa da nascondere, se vaga con lo sguardo non ci presta attenzione, se indugia con gli occhi verso il cielo mostra di non essere molto pronto e vispo. Ma le cose non stanno proprio così.

GLI ACCESSI OCULARI. IL SISTEMA GUIDA

Più precisamente possiamo dire che esiste una correlazione neurologica fra ciò che il nostro cervello fa e i nostri movimenti oculari, nello specifico fra il sistema rappresentazionale che stiamo utilizzando e la direzione del nostro sguardo.

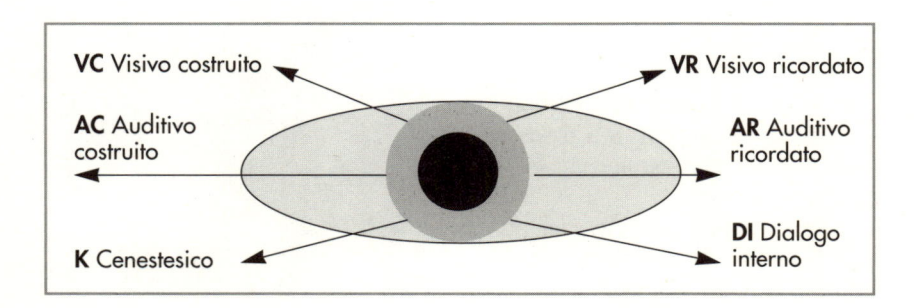

VC Visivo costruito
VR Visivo ricordato
AC Auditivo costruito
AR Auditivo ricordato
K Cenestesico
DI Dialogo interno

Visivo Costruito (VC)

Gli occhi **in alto a destra** indicano che la persona sta costruendo un'immagine nuova, inventata.

Se ponete a qualcuno la domanda: "Qual è la tua casa ideale?", vi accorgerete che molto probabilmente i suoi occhi vanno in quella direzione.

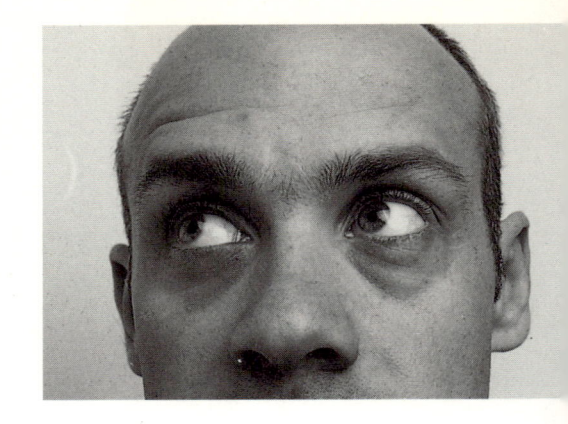

Visivo Ricordato (VR)

Gli occhi **in alto a sinistra** indicano che la persona sta ricordando un'immagine.

Per verificarlo potreste chiedere a qualcuno di descrivervi i soprammobili della sua casa.

Se la domanda fosse: "Cosa ti piacerebbe ricevere per il tuo prossimo compleanno?", vedreste probabilmente lo sguardo andare prima in Visivo Ricordato e poi in Visivo Costruito. Infatti, la persona potrebbe prima ricordare un abito visto in una vetrina e poi immaginare sé mentre lo riceve o lo indossa.

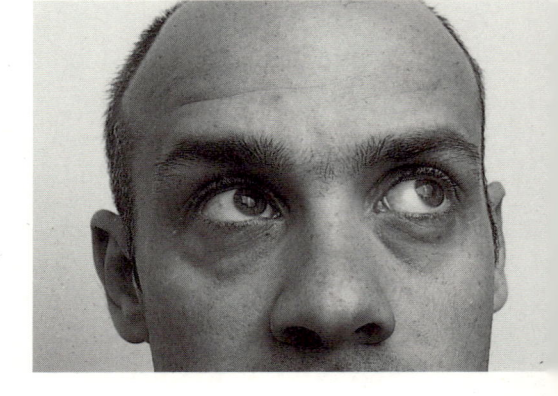

Auditivo Costruito (AC)

Gli occhi **al centro a destra** indicano che la persona sta ricercando un suono.

Per esempio, quando pensiamo: "Questa cosa gliela dirò con un tono di voce dolcissimo".

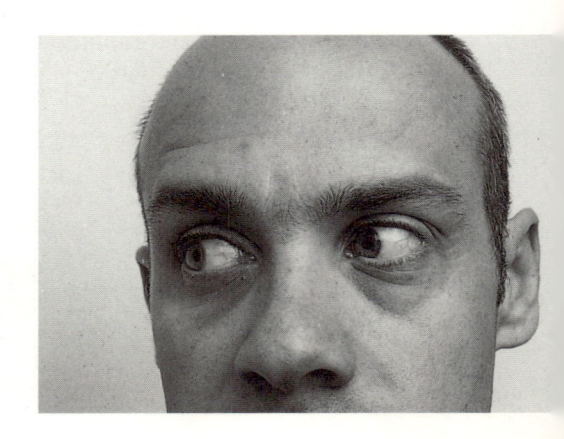

AUDITIVO RICORDATO (AR)

Gli occhi **al centro a sinistra** indicano che la persona sta ricordando un suono. Quando ricordiamo canzoni, motivi musicali, discorsi, battute di film, rumori di ambienti.

CENESTESICO (K)

Gli occhi **in basso a destra** indicano che la persona sta provando una sensazione.

DIALOGO INTERNO (DI)

Gli occhi **in basso a sinistra** indicano che la persona si sta parlando internamente. Questo capita quando ci si dice qualcosa fra sé, si commenta ciò che accade, ci si parla dentro, si dialoga appunto con se stessi. È il momento in cui riflettiamo, progettiamo, ci poniamo delle domande, ci diamo delle risposte. La funzione del dialogo interno è fondamentale, quando non diventi troppo invadente. Infatti una persona immersa nel dialogo interno si estranea, perde il contatto con le percezioni rivolte all'esterno; come si dice, è "soprappensiero" e focalizza la sua attenzione su di sé. Il dialogo interno è un grande induttore di stati emotivi piacevoli e sgradevoli, dipende da quello che gli facciamo dire. Di fronte a un successo, il dialogo interno potrebbe dire: "Complimenti ce l'ho fatta"; un altro potrebbe dire: "Ho avuto fortuna". Oppure, di fronte a un insuccesso, il dialogo interno potrebbe commentare: "Andrà meglio la prossima volta"; un altro: "Come al solito!".

In vista di una prova importante un dialogo interno utile ci porterà a rappresentarci una situazione rassicurante, un dialogo interno negativo contribuirà per larga parte alla costruzione di una rappresentazione con esito disastroso. Il dialogo interno si può spegnere e si può ingannare. Semplicemente dirigendo la propria attenzione su altro, facendo altro. Siamo in automobile e cominciano a farsi avanti chissà come strani pensieri? Accendiamo la radio e canticchiamo. Alziamo lo sguardo in alto. In *Visivo* sarà molto difficile mantenere un dialogo interno.

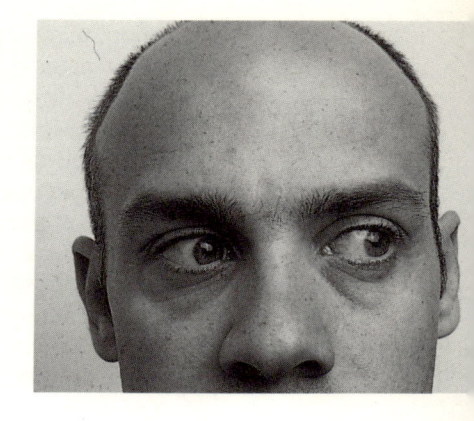

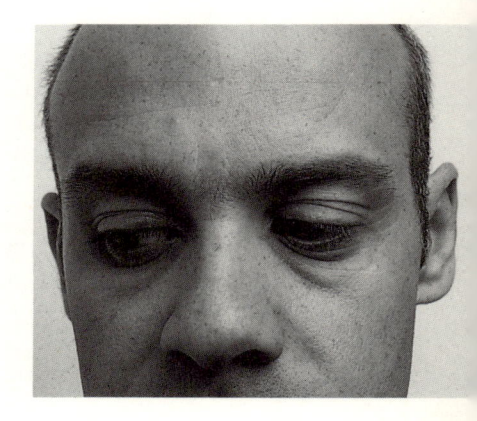

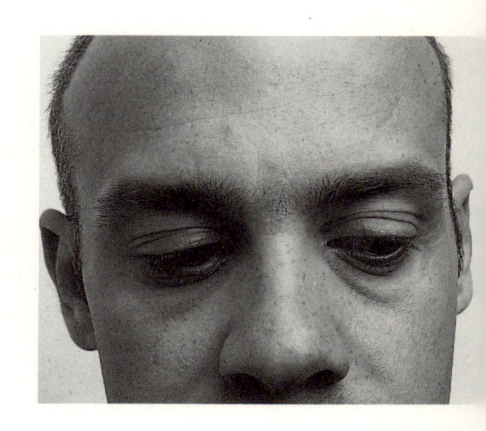

Infatti, mentre lo sguardo è un indicatore di accesso a un sistema rappresentazionale è anche vero che è molto arduo accedere a un sistema rappresentazionale se lo sguardo non è in quella specifica posizione.

Provate a immaginare qualcosa con gli occhi in basso alla vostra destra: probabilmente tutto quello che riuscirete a vedere è qualche piastrella del pavimento. Analogamente è molto faticoso concentrarsi su una propria sensazione con lo sguardo rivolto verso l'alto.

Questo tipo di movimenti oculari non ha nulla a che vedere con la direzione che prende lo sguardo quando è attratto dalla vista di qualcosa, sono movimenti rapidissimi che indicano l'accesso a un sistema rappresentazionale e si deve allenare una buona capacità di osservazione e di distinzione per riuscire a riconoscerli. Infatti, il nostro cervello passa da un sistema rappresentazionale a un altro con grande velocità.

La sequenza con cui si susseguono questi diversi accessi evidenzia una strategia.

Spieghiamoci con un esempio.

Se pongo a due persone diverse la domanda: "Che lavoro fai?", ipotizzando che entrambe si trovino male nel proprio lavoro, potrebbero avere strategie diverse.

Strategia A

■ DI: si ripete la domanda: "Che lavoro faccio?";

■ VR: vede il suo ambiente di lavoro;

■ K: ha una sensazione spiacevole;

■ DI: si dice che fa un lavoro che non gli piace;

■ VC: immagina il contesto dove vorrebbe lavorare;

■ K: ha una sensazione piacevole;

■ risponde: "Sono un impiegato in una grande azienda, non è un granché, sto cercando di meglio".

Strategia B

■ K: ha una sensazione sgradevole;

■ DI: si dice: "E adesso cosa gli rispondo? Comincio a lamentarmi?";

■ K: ha una sensazione sgradevole;

■ AR: ascolta la voce del suo capo che urla;

■ K: ha una sensazione sgradevole;

■ VC: si vede domani mentre andrà a comperare il giornale delle occasioni di lavoro;

■ AC: ascolta la sua voce che dirà: "Ecco, questo fa per me";

■ risponde magari con la medesima espressione verbale della prima persona.

Questo esempio ci fa comprendere come a volte medesimi comportamenti o addirittura medesime strutture linguistiche potrebbero essere il risultato di strategie molto diverse. Riconoscere gli accessi oculari e quindi il sistema guida di una persona ci aiuta a capire meglio il suo modo di pensare e ci dà una chiave per dialogare con maggior efficacia con lei.

La laterizzazione delle funzioni corrisponde ai due emisferi del nostro cervello: l'emisfero dominante (che per i destrimani è il sinistro) deputato alla logica, alla analisi, al pensiero razionale e quindi al leggere e scrivere, e l'emisfero non dominante (che per i destrimani è il destro) deputato alla elaborazione fantastica, alla creazione, all'intuizione.

Per i mancini le funzioni sono invertite e quindi anche lo schema sopra descritto degli accessi oculari risulta invertito.

ESERCITAZIONI

1. A gruppi di tre.

■ A racconta un episodio piacevole della propria vita.

■ B e C osservano i movimenti oculari e annotano la sequenza, quindi la confrontano.

2. A gruppi di tre.

■ B intervista A come se fosse un giornalista, con domande di tipo personale, sollecitando opinioni e commenti.

■ C osserva e annota le sequenze dei movimenti oculari.

3.

■ Potete allenarvi all'osservazione dei movimenti oculari guardando in televisione le interviste dei politici e dei personaggi famosi.

I PREDICATI VERBALI.
IL SISTEMA PREFERENZIALE

Se prestiamo attenzione alle espressioni verbali che le persone utilizzano possiamo riconoscere quale sistema rappresentazionale esse preferiscono. Sostantivi, aggettivi, verbi, avverbi sono usati in stretta correlazione con il sistema che ci è più congeniale.

Visivi	Auditivi	Cenestesici	Olfattivi	Gustativi
Allucinante	Lirico	Invadente	Odoroso	Dolcezza
Lucente	Roboante	Intrigante	Profumato	Amarezza
Illuminarsi	Stridente	Eccitante	Fragrante	Gustoso
Scrutare	Sommesso	Avvolgente	Fiutare il pericolo	Sdolcinato
Mostrare	Reclamare	Ributtante	Avere buon fiuto	Piccante
Esibire	Altisonante	Coinvolto	Sentire puzza di bruciato	Aspro
Spettacolare	Accordare	Raccapricciante	In odore di santità	Insipido
Immenso	Appellarsi	Assetato		Dissapore
Prevedibile	Stare in campana	Soffocante		Acido
Circoscritto	Persona chiacchierata	Faticoso		Buon gusto
Proporzionato	Storia che avrà un'eco	Sommerso		Amaro in bocca
Mettere a fuoco		Piacevole		Conto salato
Stare all'occhio		Spiacevole		Occasione ghiotta
		Sgradevole		Essere un peperino

Modi di dire		
Visivo	**Auditivo**	**Cenestesico**
Allucinante!	Clamoroso!	Disgustoso!
Quella cosa è fatta su misura per me	Quella cosa si accorda perfettamente con me	Quella cosa mi calza a pennello
La vediamo nello stesso modo	Andiamo all'unisono	Ci piacciono le stesse cose
Mi sarei eclissato	Avrei urlato	Mi sarei sprofondato
Non mi vede proprio	Il suo silenzio mi suona come un insulto	Mi fa sentire uno straccio
Si vede che mente	Non credo a una parola di quello che dice	Sento che sta mentendo
Ha sempre una faccia scontenta	Si lamenta sempre	Sembra uno con il mal di pancia

Nel contesto di una vendita il cliente potrebbe esordire con frasi del tipo:

■ vediamo un po', mi illustri il suo prodotto (Visivo);

■ allora mi dica, mi racconti com'è questo prodotto (Auditivo);

■ bene, sentiamo, mi introduca questo prodotto (Cenestesico);

poi interloquire con espressioni del tipo:

■ vedo che lei è molto chiaro nella descrizione del prodotto (Visivo);

■ quello che lei mi dice del prodotto è molto interessante (Auditivo);

■ ho la sensazione che lei sia proprio sicuro della bontà di questo prodotto (Cenestesico).

Il venditore a questo punto saprà bene a quale cliente è indispensabile sottoporre un catalogo da vedere, quale cliente vuole risposte a una grande quantità di domande, e quale cliente vuole toccare con mano il prodotto o sperimentare una campionatura.

ESERCITAZIONE

A coppie.

- A evidenzia una serie di espressioni molto usate nel proprio contesto professionale dai propri superiori o collaboratori.

- B elabora per ciascuna uno stile di risposta avendo cura di utilizzare i predicati del sistema rappresentazionale dell'altro.

In breve

- *Il sistema guida di una persona è il canale sensoriale con il quale accede a una informazione.*

- *Per ricordare, qualcuno rivede un'immagine, qualcuno rievoca un suono, qualcuno riprova una sensazione, qualcuno sente un odore o il gusto di qualcosa. Analogamente per immaginare.*

- *Questo processo è riconoscibile esternamente attraverso i movimenti oculari.*

- *Il sistema preferenziale è invece il canale sensoriale che una persona preferisce utilizzare per elaborare l'informazione e attribuirgli un significato.*

- *Questo processo è riconoscibile esternamente attraverso i predicati verbali.*

- *Per una persona il sistema guida e il sistema preferenziale potrebbero non essere il medesimo sistema rappresentazionale. Per esempio, il sistema guida potrebbe essere visivo e il sistema preferenziale cenestesico.*

Concludendo

Sono veramente innumerevoli i contesti in cui quello che abbiamo appreso può rivelarsi fondamentale.
Pensate per esempio a contesti di apprendimento, di vendita, di negoziazione, colloqui e riunioni di lavoro, o più semplicemente quando una persona che vi è cara arriva da voi con un problema o un motivo di sofferenza, o quando in un contesto familiare vi trovate a discutere o a litigare con qualcuno che pare non sentire ragioni.
Ora sapete che potete sintonizzarvi con gli altri sulla loro lunghezza d'onda e questo faciliterà di molto qualsiasi tipo di comunicazione.
D'altro canto in contesti in cui ci si trovi a parlare con un uditorio, una riunione di lavoro, in aula, durante un convegno, una serata tra amici, sarà più agevole ottenere l'attenzione di tutti se utilizzeremo nel nostro linguaggio riferimenti a tutti i sistemi rappresentazionali.

CAPITOLO 6

Alcune nostre inclinazioni
■ ■ ■

Abbiamo visto nei capitoli precedenti come un sistema di filtri sensoriali, individuali, sociali, culturali influenzi la selezione delle informazioni e il processo di costruzione della mappa.

Fra questi filtri ve ne sono alcuni che intervengono nella struttura delle nostre scelte e sono alla base delle nostre motivazioni nei processi di decisione.

Li definiamo "metaprogrammi" e dall'osservazione del comportamento umano se ne sono estrapolati una cinquantina.

I METAPROGRAMMI

Spieghiamoci con un esempio.
Prendiamo in considerazione una circostanza come l'acquisto di una autovettura.
Persone diverse potrebbero fondare la loro scelta su criteri diversi: sicurezza, estetica, comfort, velocità, esclusività, economicità, maneggevolezza e altri ancora.
Molto probabilmente più criteri intervengono a determinare la motivazione all'acquisto, ma la loro posizione è spesso gerarchica.

Il cliente che bada molto alla bellezza dell'auto, quasi sicuramente non si farà convincere con argomentazioni inerenti al comfort ad acquistare un'auto che non gli piace.

I metaprogrammi, benché presentati come dicotomici, non vanno comunque visti come opzioni di scelta opposte e disgiunte, ma piuttosto come un *continuum*, un binario dove le persone si posizionano a seconda dei contesti e dei momenti della loro vita, anche se con un'inclinazione a prediligerne un polo.

I primi metaprogrammi sono proprio quelli considerati nei capitoli precedenti e sono quelli dei sistemi rappresentazionali: Visivo, Auditivo, Cenestesico, Olfattivo, Gustativo.

Esaminiamo quindi alcuni degli altri metaprogrammi più utilizzati.

CHUNK-UP / CHUNK-DOWN

Chiediamo a qualcuno: "Come è andata la tua vacanza?".

La sua risposta potrebbe essere: "Molto bene". La persona ci guarda con aria soddisfatta paga di averci detto tutto. Di fatto della sua vacanza sappiamo poco più di nulla.

Un'altra persona alla domanda potrebbe cominciare a raccontarci dal momento della progettazione, all'organizzazione, i dettagli del viaggio, tutto quello che ha messo in valigia, tutto quello che è successo minuto per minuto e dopo un'ora non avere ancora concluso.

Se domandassimo alla prima: "Come è andata la mattinata?", potrebbe risponderci che ha avuto un risveglio piacevole ed è una gran bella giornata.

Alla stessa domanda la seconda potrebbe dirci che la sveglia ha suonato alle 7.30 in punto, che ha fatto colazione con cappuccio e biscotti, che ha incontrato un vicino in ascensore e ha avuto una conversazione piacevole, che in strada c'era parecchio traffico...

Della prima persona possiamo dire che il suo metaprogramma è sicuramente un *Chunk-up*, interpreta cioè le cose per grandi pezzi, per vasti scenari, condensa l'esperienza in un concetto altamente generale.

Della seconda diremo che il suo metaprogramma è sicuramente *Chunk-down*, interpreta cioè la realtà per piccoli pezzi, raccontandosela e raccontandola agli altri con minuziosi dettagli.

Quando due persone siffatte si incontrano, non soltanto non riusciranno a comunicare piacevolmente, ma al contrario si produrrà un livello di insofferenza reciproca.

Il primo si sentirà soffocare e avrà voglia di scomparire, il secondo crederà di essere stato preso in giro.

```
┌─────────────────────────────────────────────┐
│  ←──────────────────┊──────────────────→    │
│  ░░░░░░░░░░░░░░░░░░░┊░░░░░░░░░░░░░░░░░░░    │
│  ░  Chunk-up        ┊       Chunk-down ░    │
│  ░░░░░░░░░░░░░░░░░░░┊░░░░░░░░░░░░░░░░░░░    │
│  ←──────────────────┊──────────────────→    │
└─────────────────────────────────────────────┘
```

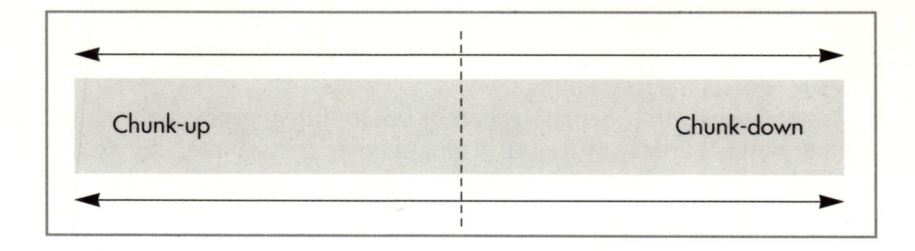

Ci sono contesti in cui è preferibile e più vantaggioso utilizzare un metaprogramma:

■ *Chunk-up*, quando si voglia evidenziare un andamento, quando si voglia elaborare una politica o una strategia di largo respiro o si abbia necessità di una visione di insieme;

■ *Chunk-down*, quando sia necessario condurre analisi specifiche o dedicarsi a operazioni che richiedano padronanza dei dettagli.

Una ragazza molto *Chunk-up* mi esprimeva una volta un suo disagio abbastanza inconsueto.
Quando era invitata per un'occasione importante, cosa che le faceva molto piacere, cominciava molto tempo prima a immaginare la situazione, ne sentiva l'atmosfera e l'emozione e si diceva che si sarebbe vestita con grande cura per quella circostanza. Indugiava spesso su questo e le piaceva pensare che sarebbe stata proprio un'occasione speciale. Arrivato il giorno fatidico fino a pochi attimi prima di uscire di casa, non riusciva a decidere cosa indossare, semplicemente perché non riusciva a tradurre in dettagli dell'abbigliamento ciò che aveva elaborato in grandi *Chunk*. Sapeva che sarebbe stata elegante, aveva abiti eleganti, ma non riusciva a uscire dallo stato di confusione che l'assaliva quando di fatto doveva prendere un vestito, delle scarpe, una borsa, un gioiello.

Verso / Via da

Sempre per restare nel tema della vacanza, una persona con metaprogramma *Verso* potrebbe dire: "Mi piacerebbe organizzare una vacanza in un posto tranquillo e silenzioso, dove possa rigenerarmi e riposare".
Una persona con metaprogramma *Via da* potrebbe invece esprimersi così: "Ho bisogno di una vacanza lontano dal caos della metropoli, che mi stacchi dallo stress, senza impegni e senza problemi"; oppure, "Andrei ovunque piuttosto che rimanere in città d'estate".

La prima è abituata ad andare nella direzione di qualcosa di abbastanza specifico e desiderabile per sé. La seconda sa soltanto ciò che non vuole, si comporta in modo da evitare problemi e disagi già vissuti o temuti. La prima si muove sotto la spinta di un obiettivo da raggiungere, la seconda si muove soltanto per la spinta di un problema imminente da cui allontanarsi. Qualcuno lavora per arricchirsi, qualcuno lavora per non essere povero. Anche questi metaprogrammi possono risultare entrambi efficaci a seconda delle situazioni: è preferibile studiare per imparare qualcosa piuttosto che per non essere bocciato, ma sicuramente di fronte a una situazione di pericolo il metaprogramma più adatto è il *Via da*.

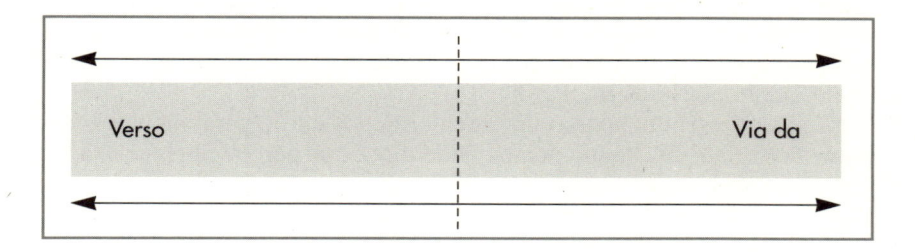

Verso		Via da

UGUAGLIANZA / DIFFERENZA

Le persone con metaprogramma *Uguaglianza* hanno una spiccata tendenza a valorizzare ciò che appare uguale.

I fenomeni legati alla moda potrebbero rientrare in ciò che stiamo dicendo. Ma anche la tendenza a elaborare elementi di uguaglianza nelle situazioni vissute e magari a considerare gli avvenimenti con una sorta di ineluttabilità: "Tanto va a finire sempre nello stesso modo", "Gli uomini sono tutti uguali". Un metaprogramma *Differenza* potrebbe essere privilegiato da una personalità anticonformista, che non segue le mode, ma produrre anche situazioni di solitudine: "Che ci faccio io qui? Cosa ho a che fare con questa gente?".

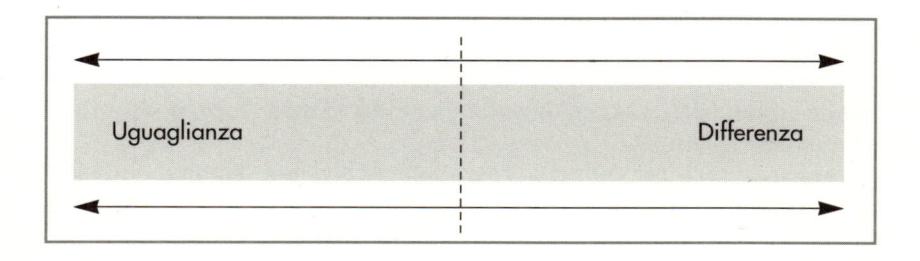

Uguaglianza		Differenza

Il metaprogramma *Uguaglianza* ci occorre quando abbiamo da condividere progetti e istanze di un gruppo cui ci sentiamo di appartenere, il metaprogramma *Differenza* è molto utile per fare distinzioni quando il rischio è la generalizzazione. I critici, gli intenditori, i degustatori hanno una grande abilità nell'operare distinzioni.

OPZIONI / PROCEDURE

Questi due metaprogrammi sono abbastanza evidenti in situazioni collegate al mondo lavorativo.

Nelle organizzazioni aziendali è facile riconoscere nelle figure professionali addette all'amministrazione il metaprogramma *Procedura*, così come è facile riconoscere il metaprogramma *Opzioni* nelle figure che operano nell'area marketing.

Questa è ritenuta spesso una mentalità per cui le persone che svolgono alcune attività hanno preso quella direzione perché più inclini a lavorare in quel modo.

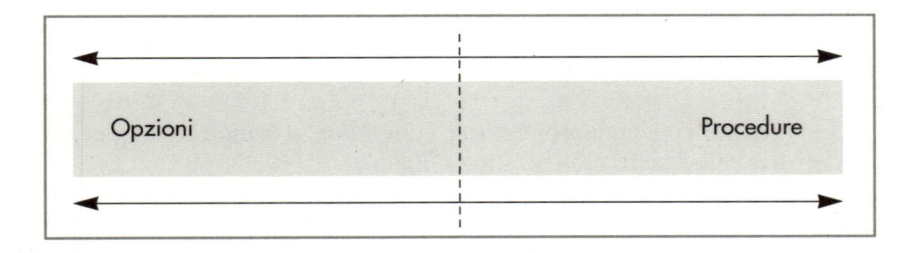

```
┌─────────────────────────────────────────────────┐
│         ◄─────────────────┬─────────────────►   │
│           Opzioni         │        Procedure    │
│         ◄─────────────────┴─────────────────►   │
└─────────────────────────────────────────────────┘
```

A noi piace pensare che sia invece il risultato di un adattamento alle esigenze di quel settore specifico: è indubbio infatti che in amministrazione sia richiesta una buona dose di ordine, precisione, meticolosità, processi di controllo e di verifica continui, d'altro canto nel marketing si richiede creatività, intuizione, tendenza all'innovazione.

Siamo anche certi che in situazioni limite possa essere necessaria proprio l'adozione del metaprogramma che ci pare meno indicato in quell'ambito.

Pensiamo, per esempio, a come in momenti di crisi economica la gestione amministrativa condotta con metaprogramma *Opzioni* sia efficace e indispensabile.

In generale, l'uso del metaprogramma *Procedure* risulta molto utile in tutte quelle situazioni dove ci sia l'esigenza di organizzare per ottimizzare e dove si debba mantenere il controllo delle variabili.

Anche in ambito amoroso due persone con lo stesso metaprogramma *Procedure* si troverebbero a proprio agio in quanto simili.

RIFERIMENTO ESTERNO / RIFERIMENTO INTERNO

Ci sono persone estremamente preoccupate delle conseguenze che il proprio comportamento può produrre verso l'esterno e del giudizio degli altri. Ogni volta che si apprestano a fare qualcosa si chiedono cosa ne potrebbero pensare gli altri.

Al contrario ci sono persone estremamente rinchiuse in se stesse, per nulla interessate a ciò che gli altri possono pensare.

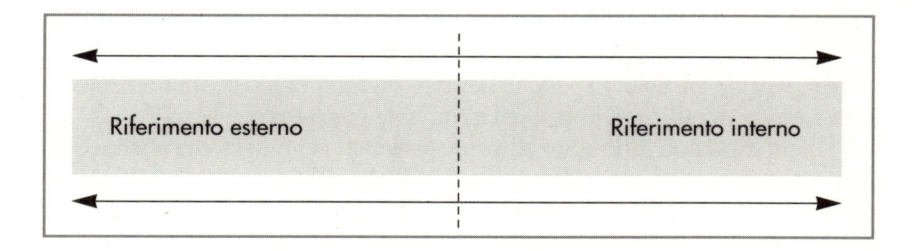

<--------- Riferimento esterno | Riferimento interno --------->

Negli eccessi, il metaprogramma *Riferimento esterno* si ritrova nelle personalità molto labili, il metaprogramma *Riferimento interno* si ritrova nell'autismo. Una buona dose di *Riferimento interno* è salutare per un certo equilibrio interiore e una sana fiducia in se stessi, e una buona dose di *Riferimento esterno* è indispensabile per muoversi in armonia con le persone che ci circondano.

STABILITÀ / CAMBIAMENTO

Alcune persone ricercano nella propria vita soprattutto dei punti fermi, delle certezze: una casa di proprietà, un lavoro dipendente, una moglie fedele, dei risparmi. Le loro decisioni sono fortemente influenzate dalla percezione che queste possano rafforzare o indebolire alcune sicurezze.

Viceversa altre persone sono alla continua ricerca di qualcosa di migliore, sono terrorizzati dalla routine e si sentono mortificati dalla quotidianità che imbriglia il loro senso della continua ricerca del nuovo.

```
◄─────────────────────────────────────────►
│                        │                        │
│      Stabilità         │      Cambiamento       │
│                        │                        │
◄─────────────────────────────────────────►
```

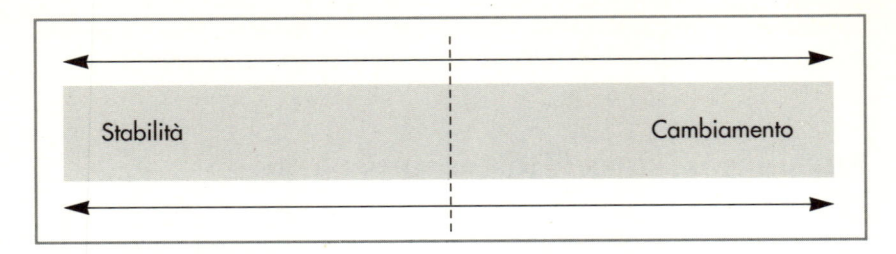

L'essere umano ha probabilmente bisogno di poter agire in un senso e nell'altro. È importante avere dei punti di riferimento così come è importante saper gestire i *cambiamenti* imposti dalle circostanze e attuare senza eccessivi timori quei cambiamenti necessari per il miglioramento delle proprie condizioni.

PASSATO / PRESENTE / FUTURO

Anche questi metaprogrammi si rilevano in modo molto evidente.

Le persone anziane, in genere, nei loro discorsi fanno continuamente riferimento ai ricordi, agli eventi della loro vita trascorsa.

I bambini al contrario sono talmente proiettati nel futuro, che anche in un gioco al presente dicono: "Facciamo che io ero...", e sono già nell'attimo successivo. Continuamente ci incalzano: "E poi?".

Alcuni adulti non riescono a staccarsi dalle esperienze del proprio passato, sia che ricordino cose talmente belle da non poter ritornare, sia che ricordino eventi spiacevoli per i quali ancora soffrono.

Altri si buttano continuamente alle spalle qualsiasi avvenimento per guardare avanti e si aspettano tutto dal proprio futuro, rimandano impegni e decisioni importanti per le quali c'è sempre tempo davanti.

Altri sanno apprezzare soltanto il presente, vivono alla giornata, fanno progetti a breve scadenza e non si fanno scappare nessuna occasione.

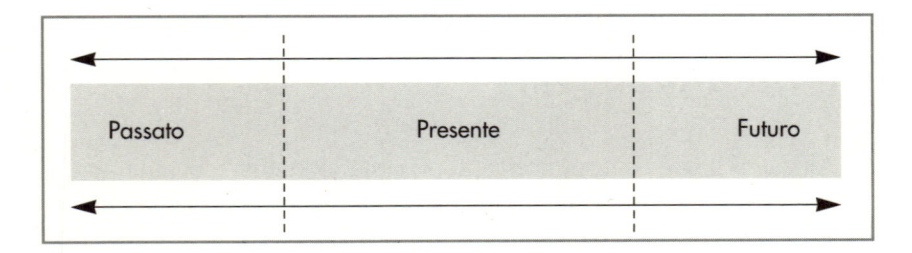

```
◄─────────────────────────────────────────►
│            │              │              │
│  Passato   │   Presente   │    Futuro    │
│            │              │              │
◄─────────────────────────────────────────►
```

L'uso di questi metaprogrammi può produrre in alcuni contesti dei vantaggi, in altri delle difficoltà. È importante riconoscere il valore dell'esperienza, e questo fa parte del *Passato*, ma è ugualmente importante progettare il proprio *Futuro* per darsi una direzione, così come è importante valorizzare ciò che ci accade nel *Presente* e che ci dà il senso di una vita vissuta pienamente.

ATTIVO / PASSIVO

Alcuni agiscono sempre come se fossero artefici del proprio destino. Sono convinti di poter influenzare persone e situazioni, sanno che esistono soluzioni e loro le troveranno. Sono instancabili, perennemente all'erta per captare opportunità, sempre impegnati ad agire o a escogitare strategie per raggiungere obiettivi. Tendono ad assumersi responsabilità e anche colpe.

Altri tipi di persone si sentono sempre vittime degli eventi. Il destino o gli altri hanno deciso per loro. Scansano responsabilità e attribuiscono ad altri le colpe. Rimuginano fra sé piuttosto che agire. Il rischio dei primi è che si sentano sconfitti di fronte a situazioni poco gestibili, abbiano la tendenza ad avere sensi di colpa, e siano poco inclini alla riflessione. Il rischio dei secondi è l'immobilismo unito a una certa svalutazione delle proprie capacità.

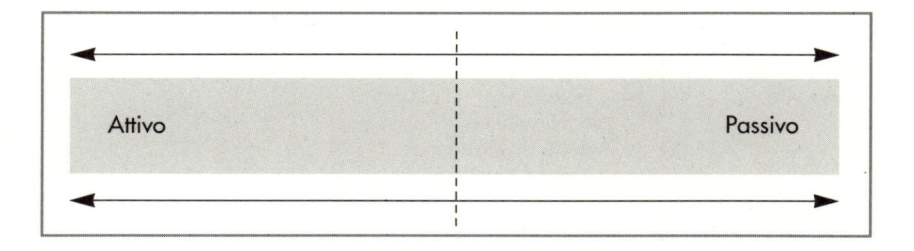

Attivo		Passivo

I METAPROGRAMMI DI SELEZIONE PRIMARIA

Una categoria molto interessante da esaminare è quella dei "metaprogrammi di selezione primaria":

- persone;
- luoghi;
- attività;
- informazioni;
- cose.

La massima parte delle nostre scelte in tutti i campi della nostra vita avviene utilizzando gerarchicamente questi metaprogrammi.

Prendiamo un contesto professionale. Si può scegliere un lavoro piuttosto che un altro a seconda di diversi criteri:

Persone	– i colleghi – il capo – ci tengo a mantenere buone relazioni nel mio lavoro – lavorare in équipe – lavorare a contatto con il pubblico
Luoghi	– in centro – vicino a casa mia – in un palazzo d'epoca – in un grattacielo – è importante la vicinanza dei negozi e del bar – non andrei mai a lavorare in qualche posto sperduto – ci tengo ad avere un ufficio ben arredato e in ordine
Cose	– lo stipendio – nell'area commerciale o amministrativa – l'orario continuato – il sabato festivo
Attività	– in autonomia – con tranquillità – in contesti stimolanti – un lavoro ripetitivo
Informazioni	– fare esperienza – conoscere il settore – aumentare la competenza

Metaprogramma "cose"

Metaprogramma "attività"

I possibili criteri per la scelta di una vacanza	
Persone	– andrò dove vanno i miei amici – vado lì perché ritroverò molte persone che conosco – spero di fare nuove conoscenze
Luoghi	– voglio scoprire posti nuovi – attraverseremo paesaggi incantevoli – sono molto affezionato alla mia spiaggia – in albergo, in una casa affittata, in barca
Cose	– il prezzo del viaggio – la durata della vacanza – i mezzi di trasporto – i cibi
Attività	– sono previste escursioni – ci sono delle discoteche – è una vacanza di totale relax – si possono praticare degli sport
Informazioni	– conoscere nuove culture – imparare le lingue

I METAPROGRAMMI DI PRESENTAZIONE DELLE INFORMAZIONI

Alcuni metaprogrammi ci differenziano rispetto al modo in cui di preferenza informiamo gli altri di qualcosa.

DESCRITTIVO

Le persone che adottano il metaprogramma *Descrittivo* raccontano quello che è, così come a loro appare.

"Abbiamo trascorso una giornata al mare."

VALUTATIVO

Le persone che adottano il metaprogramma *Valutativo* raccontano quello che dovrebbe essere.

"Se avessimo avuto il canotto ci saremmo divertiti di più."

Interpretativo

Coloro che adottano il metaprogramma *Interpretativo* raccontano quello che si dovrebbe pensare.
"È stata davvero una giornata diversa."

Inoltre, rispetto alla qualità delle indicazioni fornite potrebbero dare informazioni:

- insufficienti per la comprensione;
- ridondanti per la comprensione;
- contraddittorie.

I METAPROGRAMMI DI CONOSCENZA

Se ci riferiamo al modo con il quale preferiamo invece *acquisire informazioni*, i metaprogrammi utilizzati potrebbero essere:

Elaborazione teorica

Le persone che utilizzano questo metaprogramma hanno bisogno di spiegazioni, concettualizzazioni, modelli.

Dimostrazione

Questo tipo di persone trova più facile imparare con esemplificazioni, racconto di aneddoti, vuole vedere come fanno gli altri a fare.

Esperienza

Chi adotta questo metaprogramma ha necessità di eseguire sperimentazioni pratiche, o di avere un riscontro con la propria esperienza personale, vuole provare a fare.

Autorità

Queste persone hanno fiducia nell'autore di uno studio, di un'idea, di un progetto, oppure si fidano di chi li professa o li propone.

Pensate per esempio ai bambini che frequentano le elementari: se provaste ad azzardare una spiegazione un po' diversa da quella che hanno avuto a scuola o a correggere un errore nel compito, vi risponderanno che "l'ha detto la maestra!" e non ci sono altre storie.

È abbastanza facile riconoscere che ciascuno di noi ha una tendenza a prediligere un modo di apprendere; è altresì vero che in ambiti diversi e a seconda delle circostanze sarà più opportuno utilizzare il più adatto.

Un metodo didattico completo terrà conto di tutte queste esigenze.

I METAPROGRAMMI DI PERSUASIONE

Se ci riferiamo al tempo che una persona impiega a convincersi di qualcosa, scopriamo altri metaprogrammi:

AUTOMATICO

Praticamente subito.

A questo metaprogramma appartengono le persone che si fidano a priori delle persone fino a prova contraria: perché non dovrebbero fidarsi?

Ma anche le persone che giudicano gli altri alla prima impressione.

Nel bene e nel male. Basta uno sguardo, una parola, un gesto e si convincono che con quella persona non andranno mai d'accordo, oppure che piacciono a qualcuno o che ne sono follemente innamorati (colpo di fulmine). Oppure un accadimento appare a loro così chiarificatore, così attraente nella sua sostanza che è sufficiente per elaborare una generalizzazione.

N VOLTE

Altre persone per convincersi di qualcosa hanno bisogno che alcune evidenze si ripetano per un certo numero di volte, poche o tante o infinite volte. Espressioni del tipo: "Ma quante volte si dovrà ripetere quella cosa prima che tu ti convinca che..." e "Il fatto che sia già successo altre volte non vuol mica dire che sarà sempre così!" fanno riferimento a questa tipologia.

PERIODO DI TEMPO

Per queste persone non è importante quante volte si ripeta un accadimento, ma perché si convincano di qualcosa deve trascorrere un certo periodo di tempo. Il tempo consente loro di interiorizzare cambiamenti, di mettere alla prova le persone, di abituarsi ad alcune idee.

Pensate a quante convinzioni ci sono sull'età giusta per fare qualcosa, su quanto tempo debba passare tra un fidanzamento e il matrimonio, o per avere una promozione sul lavoro.

Chi elabora in questi termini tiene in considerazione questo metaprogramma.

Costante

Alcune persone sembrano non convincersi mai.

Hanno magari dei matrimoni sereni, ma se il coniuge non reitera continuamente dimostrazioni di affetto non riescono a convincersi di essere amate. Hanno bisogno di prove continue.

I METAPROGRAMMI DI CONFRONTO

Riferendoci al nostro modo di confrontare esperienze ed eventi, i criteri che possiamo adottare sono:

Quantità

Per queste persone il confronto è sempre una questione quantitativa.

Per esempio, sanno di avere avuto una prestazione migliore perché hanno ricevuto una grande quantità di consensi, o viceversa di essere andati peggio perché avevano pochissime motivazioni, oppure poco tempo a disposizione.

Qualità

Alcuni invece confrontano eventi ed esperienze tenendo conto di una qualità diversa. Questa volta una persona che essi stimano molto si è caldamente complimentata, oppure si sono sentiti particolarmente soddisfatti.

Rispetto a qualcuno / qualcosa

Per altri il termine di paragone per un confronto sono alcune persone o categorie di persone, oppure altre cose o altre circostanze.

Espressioni del tipo:

- "Sto sicuramente meglio di molti altri"

- "Le cose stanno andando peggio dell'anno scorso"

- "Quando avrai risolto questo problema starai sicuramente meglio"

rientrano in questo modo di pensare.

Frequenti sono le discussione con amici in cui si dibatte se un uomo che ha successo con le donne sia un uomo che:

- ne ha avute molte (quantità);

- ne ha avute poche ma eccezionali (qualità);

- ne ha avute poche ma difficili da conquistare (rispetto a).

Ci sono opinioni molto diverse al riguardo.

I METAPROGRAMMI NEL RAPPORTO CON GLI ALTRI

Consideriamo ora alcuni metaprogrammi che ci orientano rispetto al nostro modo di rapportarci con gli altri.

DURANTE LA RELAZIONE:
ATTENZIONE SU DI SÉ / ATTENZIONE SUGLI ALTRI

Alcune persone quando stanno dialogando con un interlocutore si concentrano molto su quello che stanno pensando.
Sono molto impegnati a ricordare o a immaginare, elaborare il discorso, spesso sono molto coinvolti a rinnovare in sé le sensazioni provate o a sperimentare sensazioni possibili rispetto a eventi non ancora accaduti.
Sono talmente incentrati su di sé che perdono il contatto con la persona che hanno davanti. Potrebbero essere convinti che se prestassero attenzione a quella persona e alle sue reazioni perderebbero il filo del discorso e la concentrazione necessaria.
Altri viceversa sono molto attenti a ciò che avviene nella persona che si sta relazionando con loro.

La sostengono con l'espressione del viso, cenni del capo, ripetono piccoli pezzi di frase, sembrano seguire il ragionamento dell'altro così accuratamente da essere in grado a volte di suggerire alcune parole e danno la sensazione di essere assolutamente interessati all'esperienza dell'altra persona.

Un atteggiamento eccessivo di questo tipo, potrebbe portare chi lo adotta a uscire talmente fuori da sé, da trovare poi difficile riconoscere e ricollegarsi alla direzione della propria comunicazione.

Pensate a un'espressione del tipo: "Ero andato da lui per chiedergli una cosa importante, poi ha cominciato a raccontarmi di un problema suo e mi sono completamente dimenticato del motivo per cui ero lì".

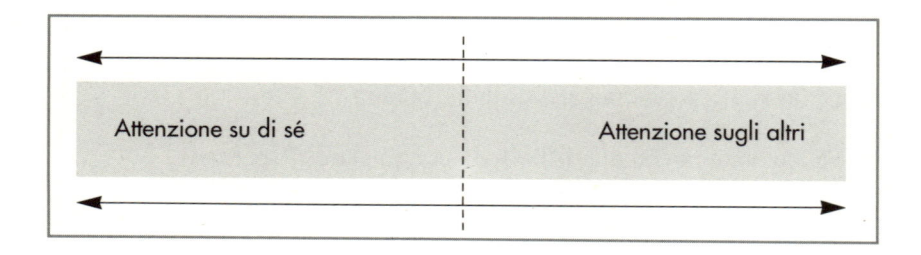

Attenzione su di sé	Attenzione sugli altri

A volte questi due atteggiamenti sono diversi nel caso che una persona stia parlando o stia ascoltando.

A volte la strategia è la medesima.

ADEGUANTE / DISADEGUANTE

Le persone adeguanti sono quelle che piuttosto che sostenere una discussione preferiscono aderire alle decisioni degli altri.

Sono persone che non fanno problemi e non ne aggiungono rispetto a quelli che già ci sono. A volte hanno valori più alti rispetto a quelli in gioco in alcune circostanze, sono disposte a rinunciare a preferenze personali per rafforzare l'armonia, la cooperazione, lo spirito di gruppo.

"L'ho fatto per amore della pace!"
"L'importante è non litigare".
"Spero di trovare qualcuno disposto a venirmi incontro".

Queste espressioni connotano l'adozione di questo metaprogramma.

Portato all'eccesso può produrre nella persona che abitualmente pensa in questo modo un profondo senso di insoddisfazione, perché non trovando necessariamente in chi incontra il medesimo atteggiamento rischia di non ottenere mai ciò che desidera per sé nelle piccole e nelle grandi cose.

Le persone disadeguanti al contrario quasi mai si conformano a ciò che va bene agli altri. Non è tanto una questione di partito preso. Non amano il disaccordo, ma sono convinti di sapere cose che gli altri non sanno e di svolgere un ruolo fondamentale nell'evidenziare alcuni aspetti delle situazioni importanti per tutti. Se gli altri li seguiranno si troveranno meglio.

Le decisioni prese da altri in qualche modo comportano dei rischi, o delle conseguenze negative che non sono disposti a sopportare.

Un comportamento disadeguante a volte potrebbe essere risolutivo. Sicuramente il punto di vista della persona disadeguante aggiunge informazioni rispetto a quelle che si sono prese in considerazione.

Ma un comportamento sempre disadeguante risulta molto pesante da accettare e a lungo andare allontana le persone.

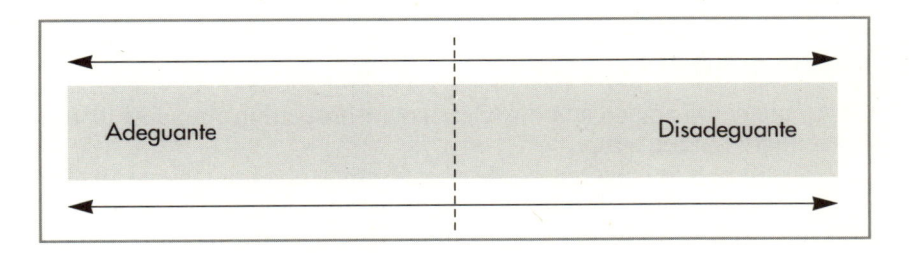

Adeguante	Disadeguante

Questo metaprogramma a volte ha delle correlazioni con il metaprogramma Uguaglianza / Differenza.

Pro sé / Pro gli altri

Alcune persone prendono decisioni e compiono scelte sulla base di ciò che possono ottenere per sé.

Credono che se ciascuno badasse a sé il mondo andrebbe meglio.

Ritengono che non sia possibile aiutare nessuno se prima non ci si pone nelle condizioni di non avere bisogno degli altri.

Questo modo di pensare condotto all'eccesso porta all'egoismo e a una sorta di narcisismo.

Altre persone invece non riescono a trovare la propria felicità se non nella felicità di chi li circonda.

Ritengono che se ciascuno si preoccupasse di più di chi gli sta intorno il mondo andrebbe meglio.

Per loro aiutare gli altri è un bisogno, qualcosa che li fa sentire a posto con se stessi. Lo spirito missionario ne è una caratteristica.

```
┌─────────────────────────────────────────────┐
│  ←─────────────────────┊─────────────────→  │
│  ░Pro sé░░░░░░░░░░░░░░░┊░░░░░░░░Pro gli altri│
│  ←─────────────────────┊─────────────────→  │
└─────────────────────────────────────────────┘
```

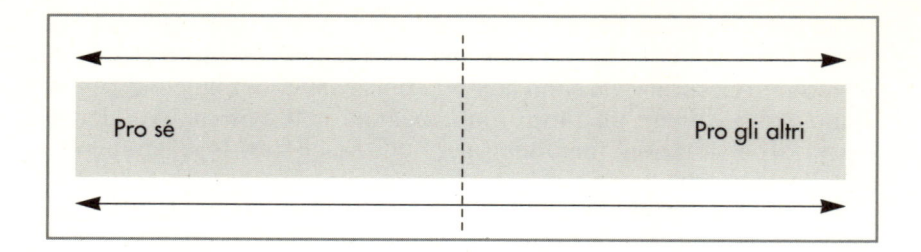

I METAPROGRAMMI NELLE ATTIVITÀ

Se prendiamo in considerazione il modo di operare delle persone nello svolgimento delle proprie attività o in ambito lavorativo possiamo evidenziare altri metaprogrammi.

INDIPENDENTI / IN SQUADRA

Alcuni di noi amano lavorare e realizzare progetti in completa libertà di scegliere modi e tempi.

Non ammettono ingerenze, che vivono come una limitazione alla loro capacità di azione. Amano avere la piena responsabilità e il pieno controllo delle loro scelte. Sanno che potrebbero sbagliare, ma preferiscono sbagliare da soli. Sanno che lavoreranno di più ma preferiscono lavorare a modo loro. Altri preferiscono lavorare in équipe.

Il gruppo può avere a volte una funzione rassicurante, nel gruppo si possono trovare alleati, compagni di viaggio, risorse nuove, idee diverse.

Nel gruppo si discute, ci si confronta, ci si diverte di più.

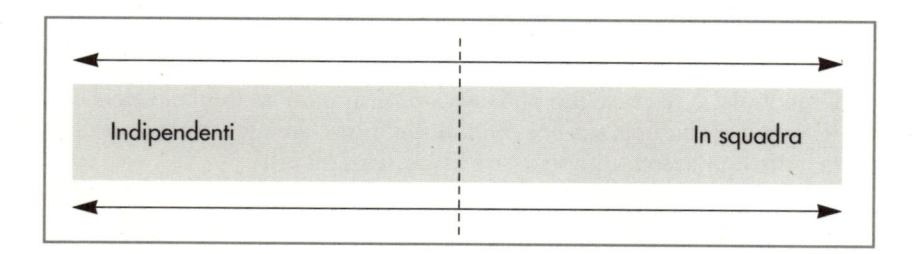

```
┌─────────────────────────────────────────────┐
│  ←─────────────────────┊─────────────────→  │
│  ░Indipendenti░░░░░░░░░┊░░░░░░░░░In squadra░│
│  ←─────────────────────┊─────────────────→  │
└─────────────────────────────────────────────┘
```

PROCESSO / OBIETTIVO

Le persone orientate al processo sono quelle che apprezzano la strada per arrivare a qualcosa.

Quando cambiano casa sono eccitate all'idea che la sceglieranno fra molte, selezioneranno i materiali, cureranno con attenzione l'arredamento.

Quando organizzano una festa si divertono di più nei preparativi che nella festa vera e propria.

Quando si spostano per andare in vacanza, il viaggio è già una vacanza.

Possono trovare soddisfazione nel cucinare, confezionarsi gli abiti, costruire un puzzle, lavorare a maglia.

Nel lavoro si appassionano all'organizzazione e alla ricerca del miglior modo di lavorare. Nelle relazioni amorose trovano che la parte migliore sia il corteggiamento.

Il rischio per queste persone è quello di non arrivare all'obiettivo e di perdersi lungo la strada.

Al contrario altre persone sono fortemente orientate al risultato.

Impazienti di raggiungerlo, vivono ciò che si frappone fra loro e il loro obiettivo come qualcosa da sbrigare il più presto possibile, o come qualcosa di odioso anche se necessario.

Hanno il pregio di non dare peso eccessivo alle interferenze, tendono a sdrammatizzare eventuali problematiche che insorgano durante il percorso.

Il rischio per loro è di sottovalutare l'importanza che ha una buona programmazione nel raggiungimento del risultato.

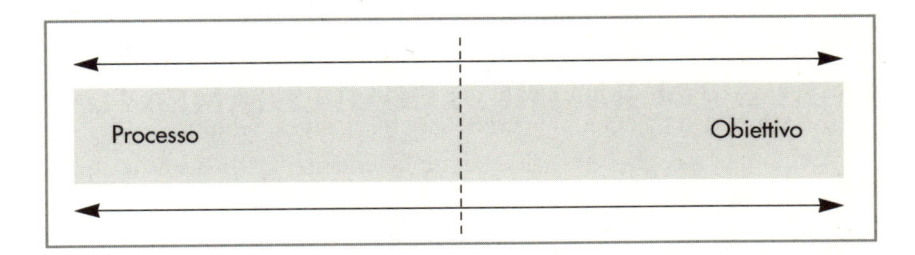

Processo		Obiettivo

PERFEZIONISMO / OTTIMIZZAZIONE

I perfezionisti tendono a raggiungere un obiettivo esattamente come hanno previsto. Tutto deve coincidere perfettamente, il risultato deve essere sovrapponibile completamente all'idea che se ne erano fatti.

Ogni variazione rispetto a questo ideale è qualcosa che li mette profondamente a disagio, si impegnano accuratamente a prevedere tutte le possibilità e non tollerano eventuali errori, né da sé, né dagli altri.

Proprio per tutti questi motivi spesso non sono soddisfatti dei loro stessi risultati.

Indubbiamente un'inclinazione al perfezionismo produce anche un innalzamento degli standard qualitativi delle prestazioni.

Coloro che sono inclini all'ottimizzazione fanno quello che possono con le risorse e gli strumenti che hanno a disposizione.

Non rimuginano su ciò che potrebbe essere, ma fanno i conti con ciò che effettivamente c'è.

Valorizzano ogni opportunità, elaborano strategie, cambiano idea più volte, si adattano e ripartono.

Sembra che non si arrendano mai e che abbiano sempre qualche altra carta da giocare.

Queste persone danno a volte l'impressione di non avere un obiettivo ben definito da raggiungere, perché sono molto disponibili a riformularlo se è necessario.

Per loro è abbastanza naturale trovare giustificazioni al mancato ottenimento di un risultato.

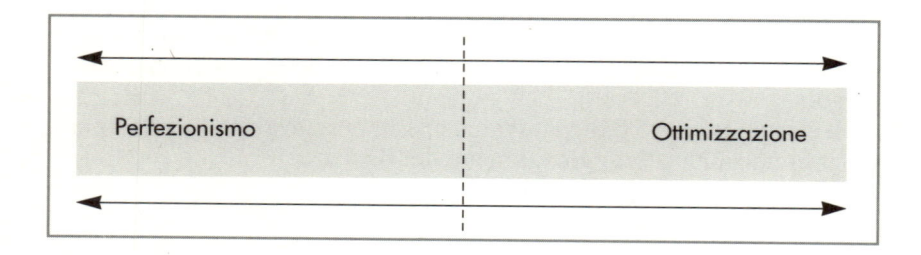

```
Perfezionismo                    Ottimizzazione
```

I METAPROGRAMMI DI COMPLETAMENTO

Alcuni metaprogrammi evidenziano la tendenza delle persone a preferire una fase operativa all'interno delle loro attività.

FASE INIZIALE

Alcuni trovano una grande motivazione nel concepire la nascita di qualcosa di nuovo.

Sono persone molto apprezzate nella fase della progettazione.

FASE INTERMEDIA

Altri esprimono meglio le loro capacità e il loro entusiasmo nella fase della realizzazione di qualcosa. Il loro apporto è fondamentale nel delicato passaggio dalla teoria alla pratica.

Fase finale

Altri trovano più rassicurante entrare in strutture già consolidate, con procedure sperimentate.

Sono spesso richiesti nella fase del mantenimento e del miglioramento di ciò che già c'è.

Rapportando queste inclinazioni per esempio alla vendita, i primi saranno molto capaci nella ricerca di nuovi clienti, i secondi nel concludere contratti, i terzi nel servizio al cliente.

Questi metaprogrammi funzionano come filtri rispetto al completamento di qualcosa.

Pensate per esempio agli studenti universitari: qualcuno parte con grande entusiasmo superando un gran numero di esami all'inizio e poi, perdendo via via stimoli e motivazione, raggiunge la laurea con fatica, quando non arriva addirittura ad abbandonare l'università.

Viceversa altri stentano nella fase iniziale a trovare la loro strada, rimandano i primi esami; soltanto dopo aver conosciuto l'ambiente, altri studenti, e dopo aver sperimentato una buona dose di frequentazione dei luoghi e delle persone, prendono coscienza dei funzionamenti e avviano il loro percorso.

Altri ancora si bloccano davanti all'ultimo esame o alla tesi di laurea.

I METAPROGRAMMI DI MOTIVAZIONE

Necessità / possibilità

Alcune persone sono orientate a interpretare l'esistenza come una lunga serie di doveri.

Quasi tutto deriva da un imperativo al di fuori di sé che guida le proprie azioni e ne limita le aspirazioni.

Per queste persone tutto si deve fare.

Anche cose che normalmente si scelgono: devono telefonare a un amico, devono fare benzina, devono ricordarsi di comperare le sigarette, devono sbrigarsi.

Spesso si attivano soltanto sotto la spinta della necessità. Nella loro vita i cambiamenti fondamentali sono vissuti come inevitabili e sono prodotti da circostanze esterne.

Sono abbastanza ligi alle regole, hanno dei saldi principi di riferimento, sanno ciò che si deve fare e ciò che non si deve fare.

Senza obblighi precisi avrebbero difficoltà a orientarsi e a compiere delle scelte.

Altre persone al contrario apprezzano l'esistenza come una grande avventura in cui tutto può succedere.
Nulla è scontato.
Danno una grande importanza non agli avvenimenti e alle cose in sé ma alle possibili opportunità, alle potenzialità.
A volte vivono situazioni poco soddisfacenti, ma sanno che non sono obbligate e se lo desiderano possono cambiare.
La possibilità di scegliere per loro è più importante della scelta stessa.
Apparentemente nulla è definitivo nella loro vita.
Decidere per queste persone è abbastanza difficile, sia perché ritengono di avere di fronte molte opzioni, sia perché nel momento della decisione hanno il timore di limitare la loro libertà d'azione, rispetto a eventuali sviluppi successivi.

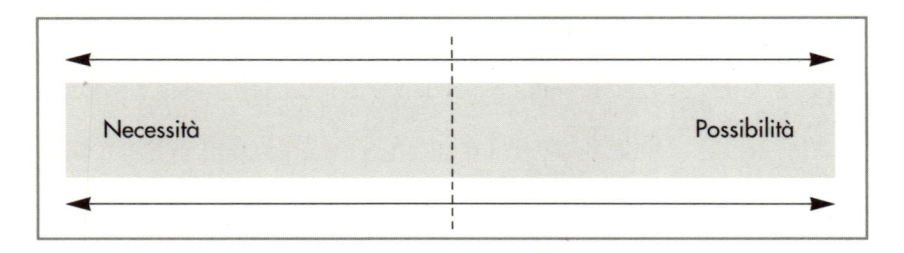

⟵――――――――――――――――⟶
| Necessità | Possibilità |

In poche frasi è possibile riconoscere anche più di un metaprogramma.
Per esempio " Preferisco andare in vacanza tutti gli anni nello stesso posto. Conosco bene luoghi e persone e mi sento come a casa mia. Deve essere tutto molto ben organizzato, come è avvenuto gli altri anni". Metaprogrammi usati: Stabilità – Luoghi – Persone – Procedure – Passato.

ESERCITAZIONI

1.

■ Allenatevi a riconoscere nelle espressioni linguistiche delle persone che conoscete o incontrate i metaprogrammi evidenti. Verificate se, cambiando contesto, le inclinazioni vengono mantenute.

2. A due squadre. Ogni squadra ha quattro o più componenti.

■ C'è un cliente.
Scegliete una tipologia di prodotto da vendere al cliente (un viaggio, un'auto, una casa...). Ogni squadra sottopone il cliente a un'intervista con lo scopo di conoscere le sue necessità relativamente all'acquisto di quella tipologia di prodotto.
Poi ciascuna squadra prepara un prodotto ad hoc per il cliente e glielo sottopone con argomentazioni che facciano riferimento ai suoi metaprogrammi preferiti.
Il cliente sceglie fra i due il prodotto che preferisce.

In breve

■ *I metaprogrammi sono filtri di selezione e di elaborazione delle informazioni che influenzano scelte e decisioni.*

■ *Abbiamo analizzato alcuni dei più frequenti con la considerazione che non esistono metaprogrammi buoni o cattivi, ma soltanto metaprogrammi più o meno funzionali a seconda dei contesti in cui sono usati.*

■ *Nei metaprogrammi dicotomici c'è una gradualità di inclinazione verso un polo piuttosto che verso l'altro diversa per ogni persona.*

Concludendo

■ *I metaprogrammi sono molto usati nella pubblicità, preceduti da ipotesi sui comportamenti e sulle motivazioni di acquisto di alcune tipologie di persone, raggruppate per sesso, fascia di età, cultura ecc.*

■ *Interloquendo con una persona è molto facilitante comunicare con lei utilizzando i suoi stessi metaprogrammi.*

■ *Parlando con un pubblico ci si allenerà a usare non soltanto quelli che ci vengono spontaneamente più congeniali, ma si avrà cura di usarne il maggior numero e in entrambe le direzioni.*

SVILUPPIAMO LE NOSTRE ABILITÀ

CAPITOLO 7

Capire noi stessi e capire gli altri

■ ■ ■

LA FLESSIBILITÀ

È curioso notare come al tempo dei nostri padri la coerenza fosse considerata un valore molto importante.

Espressioni come: "Mi spezzo ma non mi piego", "È un uomo tutto d'un pezzo" non facevano soltanto riferimento all'orgoglio e alla incorruttibilità, ma contenevano anche il presupposto che non si potesse tanto facilmente cambiare idea una volta sposata una causa.

Charles Baudelaire nella prefazione ai *Racconti* di Edgar Allan Poe parla di due diritti ancora non riconosciuti dalla saggezza del XIX secolo: il diritto di contraddirsi e quello di andarsene.

Al contrario ai nostri giorni vengono richieste continuamente alle persone flessibilità e adattabilità. I curriculum di coloro che si candidano a posti di lavoro non mancano di citare queste caratteristiche come salienti. La velocità con cui si producono cambiamenti a tutti i livelli impone anche alle persone cambiamenti repentini e spesso radicali di comportamenti, abitudini, credenze.

Ma è soltanto la convinzione ufficiale che è mutata.

Di fatto l'umanità è sopravvissuta e si è evoluta grazie al suo spirito di adattamento e alla sua capacità di fare esperienze, elaborare convinzioni, verificarle in altri contesti, confermarle o modificarle, secondo quel meccanismo di feedback del quale abbiamo già avuto modo di occuparci nei capitoli precedenti.

Nella teoria dell'evoluzione l'essere che sopravvive non è il migliore in senso assoluto ma è quello che ha maggiori capacità di adattamento.

La flessibilità non ha nulla a che vedere con personalità labili, facilmente influenzabili, ma piuttosto con personalità ricche che sanno riconoscere in ogni situazione benefici e svantaggi per sé e per gli altri, svincolate da convinzioni preconcette, e che sanno attuare comportamenti diversi a secondo dei contesti.

Come abbiamo visto nei capitoli precedenti distinguiamo il livello dell'identità e il livello dei comportamenti. Cambiare comportamenti non significa perdere l'identità, né i propri valori.

Non perdiamo la nostra identità se in contesti differenti adottiamo linguaggi diversi, abbigliamenti diversi, stili di relazione diversi, né se nel corso degli anni abbiamo modificato il nostro modo di vedere il mondo.

Che siamo disposti a riconoscerlo oppure no, tutti siamo flessibili, in misura più o meno accentuata.

La nostra flessibilità per buona parte si fonda su una capacità naturale che tutti possediamo di cambiare posizione percettiva.

LE POSIZIONI PERCETTIVE

Esaminiamo una circostanza abbastanza frequente.

Sto discutendo animatamente con una persona che conosco bene, abbiamo dei motivi di attrito, ma ci tengo molto alla relazione che ho con lei.

Emotivamente sono molto coinvolto nella situazione, vorrei che quella persona mi capisse, d'altra parte mi accorgo che più andiamo avanti nella discussione più cresce la mia sensazione di disagio e mi sembra di non riuscire a venirne fuori. Dal mio punto di vista sono in una situazione di stallo, non so più cosa fare o dire, non mi viene nessuna idea.

Istintivamente comincio a mettermi nei panni dell'altra persona, e a chiedermi: "Se io fossi in quella persona, cosa penserei a questo punto di me? Come vedrei me? Come mi suonerebbe il mio tono di voce e le parole che sto pronunciando? Comincio a sentire le 'sue sensazioni' e anche a starmi un pochino antipatico". Poi mi distacco completamente dalla situazione, vedo me e l'altra persona come dal di fuori e il tutto mi sembra abbastanza noioso e anche un po' comico. Mi vengono delle nuove idee rispetto a come potrei a questo punto comportarmi.

Quella che ho appena sperimentato è una ricognizione delle tre posizioni percettive.

Noi continuamente e in maniera molto rapida passiamo da una posizione percettiva a un'altra senza rendercene conto.

LA PRIMA POSIZIONE PERCETTIVA

Definiamo così la situazione in cui noi siamo dentro noi stessi, vediamo con i nostri occhi, ascoltiamo con le nostre orecchie, sentiamo dentro di noi delle sensazioni in prima persona.

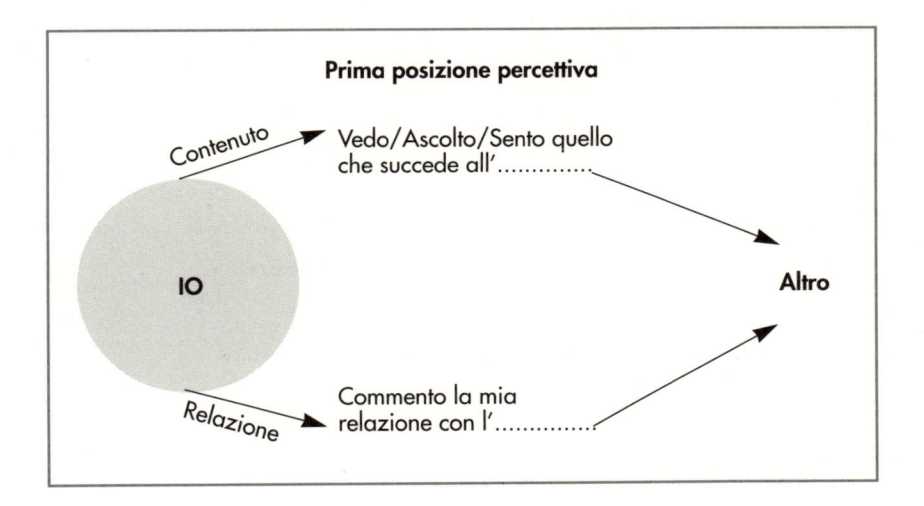

Prima posizione percettiva

- IO — Contenuto → Vedo/Ascolto/Sento quello che succede all'............ → Altro
- IO — Relazione → Commento la mia relazione con l'............ → Altro

Rappresentazioni interne della prima posizione

C'è l'ALTRO

LA SECONDA POSIZIONE PERCETTIVA

Definiamo così la situazione in cui ci mettiamo nei panni di un altro, vediamo con i suoi occhi, ascoltiamo con le sue orecchie, sentiamo le sue sensazioni.

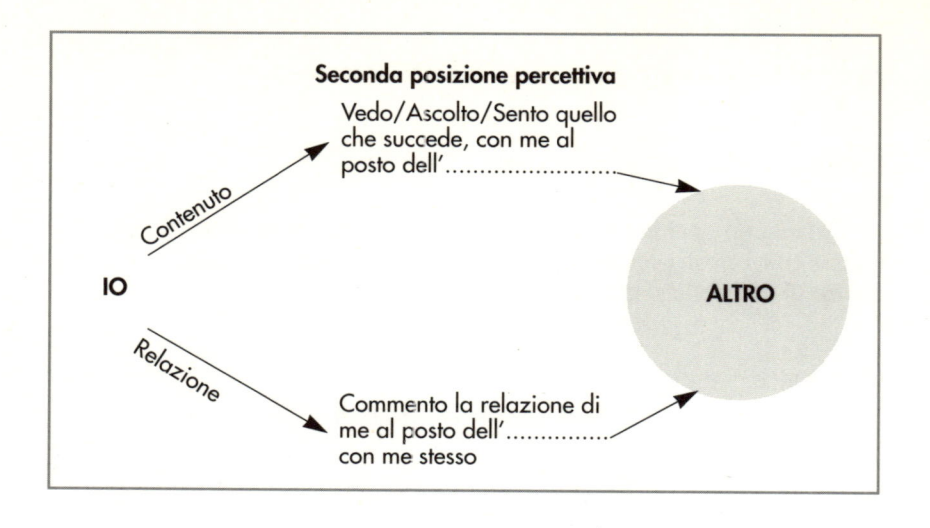

Seconda posizione percettiva

IO —Contenuto→ Vedo/Ascolto/Sento quello che succede, con me al posto dell'................ → ALTRO

IO —Relazione→ Commento la relazione di me al posto dell'................ con me stesso → ALTRO

Rappresentazioni interne della seconda posizione

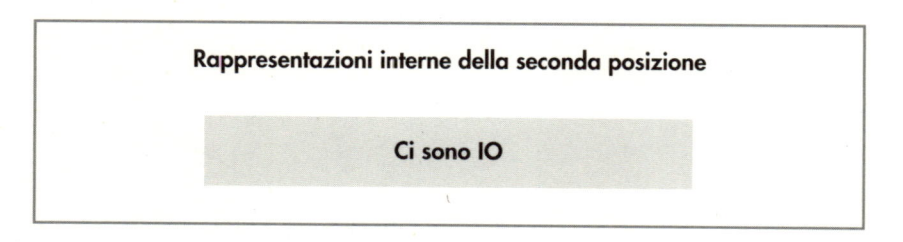

Ci sono IO

LA TERZA POSIZIONE PERCETTIVA

Definiamo così la situazione in cui ci vediamo e vediamo l'altro dall'esterno, come in un film, come sul palcoscenico di un teatro.

Terza posizione percettiva

Metaposizione

IO ←————————→ ALTRO

> **Rappresentazioni interne della terza posizione**
>
> Ci sono IO e l'ALTRO/gli ALTRI

La quantità e la qualità delle informazioni che riusciamo a cogliere nelle tre diverse posizioni sono sicuramente maggiori e più utili di quelle che potremmo cogliere soltanto nella prima.

Esiste una tendenza a specializzare una posizione percettiva e qualcuno fa più fatica a sperimentare tutte le posizioni.

Quando in una rappresentazione interna riviviamo un'esperienza del passato o ci immaginiamo una situazione futura, possiamo farlo in modo da riviverla in prima persona, associati all'esperienza. In questo caso non vediamo il nostro volto, vediamo le nostre mani, il corpo.

Oppure possiamo farlo come se ci vedessimo interpretare un film, in dissociato, in questo caso vediamo il nostro volto e tutta la nostra persona.

Alcune persone sono abituate ad associarsi a situazioni piacevoli, che quindi vivono pienamente con tutte le sensazioni connesse, mentre si dissociano naturalmente dalle situazioni sgradevoli.

Infatti, essere in dissociato contribuisce a diluire di molto le sensazioni collegate a una esperienza.

Alcune persone invece si comportano esattamente all'opposto. Non riescono ad associarsi pienamente alle situazioni piacevoli, mentre si associano intensamente a situazioni di sofferenza.

Sono magari persone educate a nascondere le proprie emozioni e a valorizzare il sacrificio.

Possiamo, inoltre, aggiungere che in tutte e tre le posizioni la nostra attenzione può essere focalizzata sul contenuto o sulla relazione.

Prendiamo per esempio il contesto di un esame.

■ Prima posizione. Sono seduto su questa sedia, ho davanti il professore, lo guardo, lo ascolto, ho delle sensazioni. Scelgo le parole adatte per spiegare le mie argomentazioni (contenuto) e, mentre parlo con lui, penso che il suo modo di fare mi ricorda un mio vecchio zio (relazione).

■ Seconda posizione. Voglio sapere che cosa pensa lui di me. Mi metto nei suoi panni. Mi associo a lui. Cerco di vedere, ascoltare, sentire come farebbe lui. Ora sono dietro la cattedra e guardo me seduto sulla sedia. Tutto sommato ho l'aria di un ragazzo serio, che certamente ha studiato, sicuramente sono emozionato, ma sto facendo la mia figura (contenuto). Dal punto di vista del professore potrei anche avere verso di me la benevolenza di un padre (relazione).

■ Terza posizione. Mi stacco dalla situazione, guardo il nostro rapporto dal di fuori, vedo me e vedo lui e in generale mi sembra che le cose stiano funzionando. Vedo anche molto bene i miei compagni e i dettagli dell'ambiente.

Quando ricorderò questo esame è facile che io lo faccia in prima posizione se vorrò accedere alle sensazioni di quel momento, e probabilmente in terza posizione se vorrò raccontare a qualcuno com'è andato.

Quando raccontate un avvenimento molto emozionante a qualcuno in modo da coinvolgerlo, egli rivivrà internamente l'esperienza come se l'avesse fatta al vostro posto (seconda posizione percettiva), emozionandosi a sua volta.
Molte delle esperienze che ci raccontano le abbiamo vissute e ne abbiamo verificato le sensazioni. Pensate a come fate a sapere che non vi butterete mai con un paracadute.

Posizione percettiva "dissociato"

Posizione percettiva "associato"

ESERCITAZIONI

1. A coppie.

■ A considera una relazione moderatamente difficoltosa che ha con un'altra persona.
Individua spazialmente tre posizioni sul pavimento che evidenzieranno le tre posizioni percettive:

Prima: A interpreta se stesso;

Seconda: A interpreta l'altra persona;

Terza: A interpreta una terza persona che
in una circostanza del genere potrebbe funzionare
come un arbitro; giudica obiettivamente e in modo
equidistante e dà suggerimenti su ciò
che A potrebbe fare per migliorare la relazione.

■ B guida A a entrare nelle tre posizioni.

■ A riferisce a B se rispetto ai tre punti di vista la situazione si modificava.

2. A coppie.

■ A racconta a B una sua aspirazione o un suo sogno nel cassetto.

■ B interpreta A e racconta ad A l'aspirazione o il sogno come se fossero suoi.

■ A riferirà a B come si è sentito raccontare,
gli elementi evidenziati, quelli dimenticati, quelli aggiunti
e veritieri, quelli aggiunti e non veritieri.
E inoltre se dopo questa interpretazione
il suo sogno o la sua aspirazione si sono in qualche modo
modificati.

In breve

■ *Abbiamo visto nei capitoli precedenti come sia possibile esaltare la qualità sensoriale delle nostre percezioni utilizzando tutti i canali sensoriali.*

■ *Abbiamo anche visto quanti tipi di filtri influenzano la percezione e l'elaborazione del pensiero (metaprogrammi).*

■ *Ora ci siamo occupati della posizione a partire dalla quale consideriamo e attribuiamo un significato alla nostra esperienza.*

Concludendo

Sperimentare e analizzare relazioni interpersonali difficili e un po' confuse della nostra quotidianità nelle diverse posizioni percettive aumenta la quantità e la qualità delle informazioni che possiamo avere a disposizione per scegliere comportamenti adeguati.
Ci sono alcune situazioni in cui è importante saper entrare nella seconda posizione per "empatizzare" con altre persone e raggiungere un livello di confidenza e di comprensione più profondo.
Quando siamo impegnati in una negoziazione è fondamentale riconoscere le aspettative degli altri.
D'altra parte ci sono relazioni affettive di grande altruismo ("sono felice se tu sei felice" – "io vado dove tu vuoi andare") in cui sarebbe meglio recuperare più spesso anche il senso della prima posizione.
In situazioni di sofferenza e di disagio in cui l'emozione negativa ci toglie lucidità è molto utile saper assumere la terza posizione, dissociarsi per considerare gli avvenimenti con distacco e senza influenzamenti di parte.

CAPITOLO 8

Acutezza nell'osservazione
■ ■ ■

I SEGNALI SIGNIFICATIVI

Abbiamo visto parlando della comunicazione quanto sia grande la parte non verbale e della quale ci sfugge la consapevolezza.

Continuamente emettiamo tramite la nostra fisiologia e riceviamo dagli altri segnali a volte impercettibili a volte evidenti dei quali ci rendiamo poco conto. Sono segnali che qualcosa a livello neurologico sta accadendo nell'altra persona. Non possiamo dire cosa significhino per lei, ma soltanto che qualcosa dentro di lei sta avvenendo. Spesso sono micromovimenti ed evidenziano una variazione, un prima e un dopo. Non cadiamo nella tentazione di interpretarli, limitiamoci a captarli e a registrarli.

IL CORPO

■ Posizione e movimenti degli arti.

■ Posizione e movimenti delle mani e dei piedi.

■ Posizione e movimenti delle spalle.

■ Variazione nella tensione delle spalle e del collo.

■ Inclinazione del busto, atteggiarsi del busto in avanti o all'indietro, inclinazione e movimenti del capo.

Il viso

- Movimenti delle palpebre, delle sopracciglia.
- Dilatazione delle pupille.
- Rughe di espressione intorno agli occhi e alla bocca.
- Umidità degli occhi.
- Tensione della mandibola.
- Corrugamento della fronte.
- Evidenza di alcune vene del viso.
- Tensione delle labbra.
- Movimenti delle orecchie.
- Movimenti del naso.
- Dilatazione delle narici.
- Posizione della lingua.
- Contrazione della muscolatura delle guance.

Il colorito della pelle

- Rossore.
- Pallore.
- Chiazze.

La respirazione

- Velocità.
- Ritmo.
- Toracica o addominale.
- Lunga o corta.

Altri

- Deglutizione.
- Sospiri.
- Sudorazione.

LA CALIBRAZIONE

La calibrazione è la capacità di accorgersi di alcuni segnali fisiologici che sono indice di alcuni cambiamenti a livello neurologico.

Calibrare significa saper raccogliere un feedback non verbale.

Senza sbizzarrirci in ipotesi, ci limitiamo a rilevare che la persona che abbiamo davanti ha avuto un cambiamento che noi possiamo osservare, potrebbe essere una sensazione, un'emozione o una variazione di stato interno. Il nostro interlocutore arrossisce: non è detto che stia mentendo, che sia timido, che la nostra presenza o i nostri discorsi l'imbarazzano, che gli piacciamo o che si senta a disagio. Abbiamo parlato o fatto qualcosa e la persona è semplicemente arrossita. Il significato da attribuire a questo rossore soltanto lei può dircelo. Al di là di questo, un insieme di segnali può con buona probabilità essere indicatore di uno stato interno positivo o negativo.

Ma anche le lacrime così come il sorriso possono avere connotazioni diverse. Ci sono lacrime di dolore, di commozione, di gioia, di tenerezza, di emozione, oppure un sorriso può essere smagliante, rassicurante, sarcastico, forzato, di circostanza.

Calibrazione "sorriso smagliante"

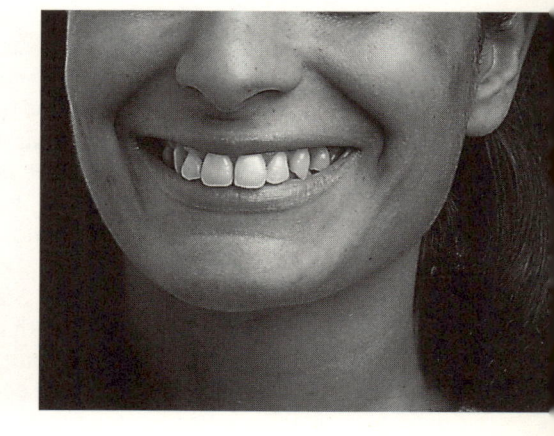

Calibrazione "sorriso forzato"

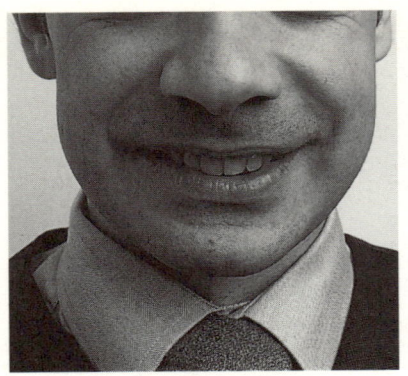

Calibrazione "sorriso ironico"

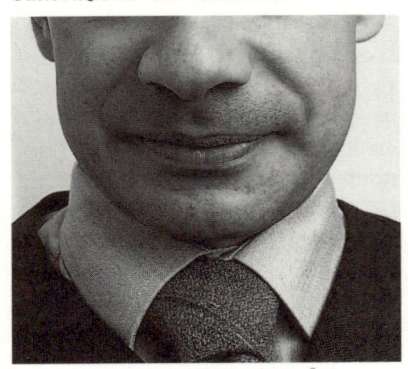

Anche saper riconoscere l'incongruenza è una forma di calibrazione, forse meno consapevole. Ci capita a volte di incontrare delle persone che sembrano gentili, dicono cose buone per noi, ma hanno qualcosa che non ci convince. Ciò avviene quando i tre livelli della comunicazione, verbale, paraverbale e non verbale non sono allineati, non vanno nella stessa direzione, non sono congruenti. Istintivamente noi avvertiamo che c'è qualcosa di strano, che non sappiamo definire. Inconsapevolmente abbiamo calibrato dei segnali non verbali, che contraddicono ciò che viene espresso a livello verbale. Saper calibrare è un'abilità molto importante che si può allenare, sviluppando la capacità di osservare, di fare distinzioni molto sottili, di sospendere le interpretazioni.

Le esercitazioni che seguono hanno questo scopo.

ESERCITAZIONI

1. A coppie.

- A dichiara di pensare a qualcosa di piacevole.

- B osserva i segnali significativi.

- A dichiara di pensare a qualcosa di spiacevole.

- B osserva i segnali significativi.

Dopo questo test ripetuto per alcune volte:

- A pensa qualcosa di piacevole o di spiacevole senza dichiararlo.

- B dovrà indovinarlo dai segnali che A emette inconsapevolmente.

2. A coppie.

- B fa delle domande ad A, che rimane immobile.

- Le prime domande che B pone sono domande per le quali B conosce già la risposta (per esempio, se A ha i capelli neri e B chiede: "Hai i capelli neri?", la risposta sarebbe sicuramente "Sì"; se B chiede: "Hai i capelli biondi?", la risposta sarebbe sicuramente "No").
  In questo modo B dovrebbe calibrare quali sono i segnali non verbali di una risposta affermativa e quali quelli di una risposta negativa.

- A questo punto B farà ad A delle domande delle quali non conosce la risposta e indovinerà dai segnali che osserverà in A se A sta rispondendo "Sì" o "No".

3. A gruppi di tre o quattro.

- A chiede a B, C, D di emettere lo stesso suono alle sue spalle (sospiro, vocalizzo, sibilo...) dichiarando chi lo emette.

- Dopo che il test viene ripetuto per qualche volta, A indovina chi emette il suono alle sue spalle.

4. A gruppi di tre o quattro.

- A chiede a B, C, D di toccare con la mano la sua spalla, da dietro, dichiarando di chi è il tocco.

- Dopo che il test viene ripetuto per qualche volta, A indovinerà chi l'ha toccato.

In breve

- *Ogni nostra emozione, o stato interno produce nella nostra fisiologia dei segnali osservabili.*

- *La capacità di distinguere questi segnali viene definita calibrazione.*

- *In una comunicazione questi segnali sono il feedback non verbale che ci dà informazioni sull'effetto di quello che stiamo dicendo o del comportamento che stiamo attuando.*

Concludendo

Quando noi sappiamo calibrare i segnali che ci vengono dal nostro interlocutore e di conseguenza siamo in grado di modificare la nostra comunicazione in quel senso, l'altra persona ha come la sensazione di essere compresa nel suo profondo e di essere trattata con sensibilità.
Se per esempio mentre stiamo parlando con qualcuno a un tratto vediamo i suoi occhi inumidirsi e spegnersi il sorriso, possiamo pensare che quello che stiamo dicendo ha magari fatto accedere la persona a un ricordo triste e di conseguenza a uno stato negativo.
Se noi continuassimo a parlare imperterriti
con voce alta perché quell'argomento ci serve a dimostrare qualcosa che ci interessa, non soltanto i nostri sforzi non produrranno alcunché di buono, al contrario la persona non potrà ricevere una buona impressione di noi, penserà che siamo stupidi, centrati soltanto su noi stessi, insensibili.
Diversamente, accorgendoci e tenendo conto di quei segnali, potremo smorzare il tono della voce e cercare con delicatezza di cambiare argomento.
In altri contesti, come per esempio in un'aula di formazione, la capacità di calibrare i partecipanti, ci darà informazioni molto utili sullo stato dell'attenzione, sul grado di coinvolgimento, e sulla condivisione di quello che si sta proponendo.
Un formatore che non si accorga che il suo uditorio è stanco, e quindi disattento, e continui
a perseguire il suo obiettivo di portare a termine l'argomento entro un tempo prestabilito, non otterrà risultati soddisfacenti.

CAPITOLO 9
Una maggiore sensibilità
■ ■ ■

Mentre una persona sta elaborando le sue informazioni, contemporaneamente avvengono dei processi.

■ C'è un comportamento esterno, una *fisiologia*, il corpo si organizza in un certo modo che corrisponde ai processi neurologici interni. Possiamo osservare gli accessi oculari e tutti quei segnali che abbiamo imparato a calibrare.

■ C'è una sequenza del pensiero, un ordine in cui le percezioni intervengono per elaborare qualcosa. Ci occorre prima vedere, poi controllare, poi udire, poi controllare (V – K – A – K)?
Oppure diversamente?

■ C'è la costruzione di una rappresentazione interna. Sia che stiamo ricordando qualcosa che è accaduto, sia che stiamo immaginando qualcosa nel futuro, costruiamo al nostro interno una rappresentazione che ha degli elementi visivi, auditivi e cenestesici.

■ Questa rappresentazione ci fa sentire una emozione, o una serie di emozioni, uno *stato interno* che noi possiamo etichettare come Allegria, Tristezza, Entusiasmo, Noia, Rassegnazione, Trepidazione, Ansia, Eccitazione...

GLI STATI EMOTIVI

Possiamo definire lo "stato interno" come una serie di emozioni collegate a una rappresentazione a cui attacchiamo un'etichetta.

Naturalmente ciascuno attribuisce alla sua etichetta il suo significato.

L'entusiasmo per me può avere un significato assolutamente diverso da quello che ha per un'altra persona.

Gli stati interni non sono una condizione esistenziale.

Essere in uno stato di gioia non vuol dire essere felice, così come essere in uno stato di tristezza non significa essere infelice.

Negli stati si può entrare e dagli stati si può uscire perché sono comunque situazioni momentanee caratterizzate da una certa rappresentazione interna e innescate da uno stimolo particolare.

Vediamo qualcosa: una scena per strada, il viso di qualcuno che ci ricorda una persona, un paesaggio, un oggetto in una vetrina, una strada, un luogo che abbiamo frequentato, ed ecco che improvvisamente accediamo nuovamente a uno stato piacevole o spiacevole che aveva accompagnato un'altra esperienza già fatta o immaginata.

Analogamente ciò può accadere con un suono, una voce, una canzone, un rumore, una sirena.

Così come può avvenire con una carezza, un bacio, una spinta, una mano sulla spalla. Ma succede anche e molto frequentemente con un odore (il profumo del caffè al mattino, l'odore di bucato delle lenzuola pulite, l'odore di disinfettante nelle sale di un ospedale) o con un sapore (il sapore della torta che faceva mia nonna, il sapore del mare nel pesce fresco).

Questi stimoli che in modo così immediato e automatico provocano una nostra risposta, portandoci in uno stato interno piacevole o spiacevole si definiscono "ancore" e il fatto che ci siano non è casuale.

ESERCITAZIONE

A gruppi di tre.

- ■ A entra in uno stato di concentrazione.

- ■ B di fianco ad A, gli dice cose per indurre il mantenimento dello stato.

- ■ C cerca di distrarre A.

- ■ A riferisce se è riuscito a mantenere lo stato e come ha fatto.

LE ANCORE

Quando noi viviamo un'esperienza piacevole o spiacevole ci sarà un elemento visivo, auditivo o cenestesico che segnerà più di altri quella esperienza. Come un pulsante da accendere per ritrovarla e riattivarla.

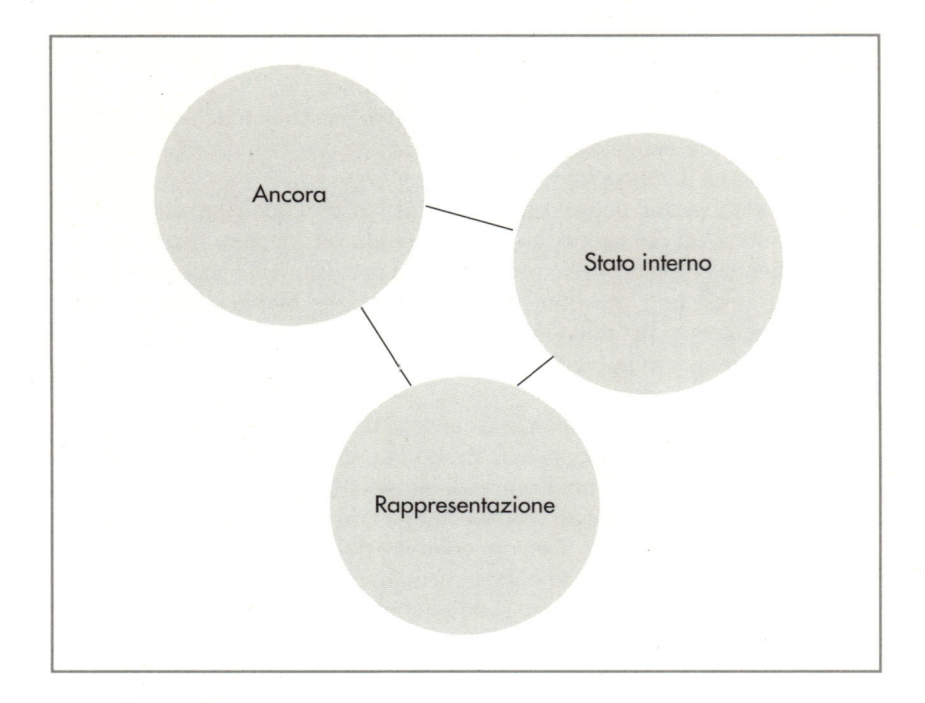

L'odore di una particolare cera per legno mi fa accedere nuovamente alla rappresentazione di me che sto superando brillantemente un esame nell'aula della mia vecchia università e mi fa accedere a uno stato di grande pienezza e soddisfazione. Una canzone di un cantautore italiano mi ricorda una situazione di conflitto e uno stato interno di sfida che mi faceva sentire molto potente e sicuro di me. Vedere un vecchio tram verde mi fa tornare in mente quando con mia nonna andavamo in centro per scegliere il regalo per il mio compleanno ed entro in uno stato di euforia misto a grande tenerezza. La vista di una bandiera può essere un'ancora diversa per ogni persona: il senso dell'autorità; il tifo quando gioca la squadra di calcio italiana; il senso della patria; il simbolo di un partito.

Una maggiore sensibilità

La vista di una bandiera rappresenta un'ancora diversa per ciascuno

Tutte le celebrazioni sono modi propiziatori di circondarsi di ancore positive

    Noi siamo immersi in un mare di ancore che suggellano i nostri stati e delle quali spesso non ci rendiamo conto, e anche noi spesso con i nostri comportamenti suggelliamo con ancore gli stati che induciamo negli altri. Se stiamo vivendo un'esperienza affettiva verso qualcuno, magari che sta soffrendo, istintivamente siamo portati a esprimere questo sentimento con una carezza. Questo segnale di comunicazione non verbale può indurre nell'altro uno stato di consolazione e di sollievo, perché magari gli ricorda un gesto della madre. In questo caso noi abbiamo inconsapevolmente riattivato un'ancora. Il rinnovare questo tocco d'ora in poi farà accedere nuovamente la persona a quello stato.

    La stretta di mano, il dono, il biglietto per il compleanno, la telefonata, l'abito che mi porta fortuna, le cose che faccio prima di un'occasione importante sono ancore. Tutte le celebrazioni, le inaugurazioni sono modi propiziatori di circondarsi di ancore positive.

    I riti sono ancore attraverso le quali le persone possono immediatamente rinnovare l'accesso a certi stati interni.

PNL la programmazione neurolinguistica

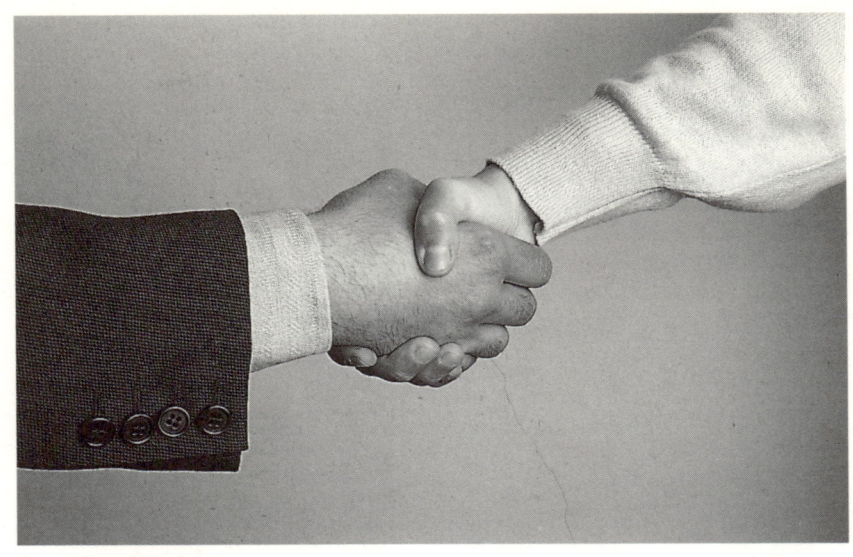

Ancora cenestesica

Ancora auditiva **Ancora visiva**

È molto importante scoprire che possiamo crearci delle ancore per entrare rapidamente in stati piacevoli, positivi, e possiamo renderci conto di quali sono le ancore che al contrario ci inducono stati spiacevoli, negativi, annullarle e sovrapporne delle altre.

Possiamo in un certo senso attraverso gli ancoraggi avere la gestione dei nostri stati interni.

GLI ANCORAGGI

Definiamo "ancoraggio" l'operazione attraverso la quale possiamo consapevolmente apporre delle ancore.

Spieghiamoci con un esempio.

Una persona ci esprime la sua preoccupazione per un incontro di lavoro che avrà fra breve con un suo superiore.

Gli chiediamo che cosa la preoccupa. Non ha una buona relazione con questa persona, e teme di non riuscire a spiegare con precisione le sue ragioni.

Gli chiediamo di quale stato avrebbe bisogno per poter gestire una situazione del genere. Ci risponde che vorrebbe sentirsi tranquillo e lucido.

Allora gli chiediamo di ricordare un'esperienza recente in cui ha sperimentato quello stato di tranquillità e lucidità.

Gli chiediamo di rievocarla in tutti i dettagli visivi, auditivi, cenestesici, in modo associato, e quando, calibrando la sua espressione del viso, ci accorgiamo che la persona sta accedendo a quelle sensazioni e a quello stato, un attimo prima che arrivi all'apice, poniamo un'ancora.

Potrebbe essere per esempio una mano sulla spalla.

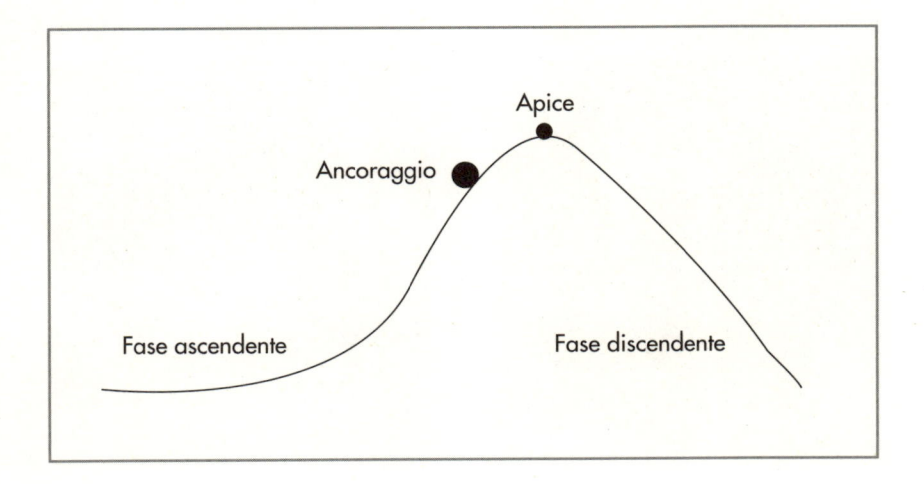

Se l'ancoraggio è riuscito, ci sono buone probabilità che la persona, toccandosi nello stesso punto la spalla, acceda di nuovo automaticamente a quello stato di tranquillità e lucidità anche nella situazione specifica temuta. Questo spiegato semplicemente. Certo che l'efficacia dell'ancoraggio dipenderà anche dal fatto che non ci siano in quel momento ancore negative ancora più forti (per esempio, la voce del capo o il luogo del colloquio).

Le fobie sono stati negativi associati automaticamente ad alcune ancore. Una persona vede e ascolta qualcosa e automaticamente ha una sensazione negativa molto forte VK o AK.

Associazione VK negativa: "vertigini"

Associazione VK positiva: "tenerezza"

Associazione VK negativa: "aracnofobia"

Alcune caratteristiche dell'ancora possono incidere sull'efficacia dell'ancoraggio.
È importante che l'ancora sia:

■ **congruente**: cioè abbia una qualità comune con lo stato. Un urlo di guerra non sarà l'ancora più adatta per uno stato di rilassatezza, così come una carezza non sarà l'ancora più indicata per uno stato di sfida.

■ **unica**: cioè non sia ancora per stati diversi.

■ **puntuale**: cioè molto circoscritta e definita. Se è cenestesica, in un punto preciso del corpo. Se è auditiva, una parola ripetuta con lo stesso tono e volume. Se è visiva, un oggetto con la stessa forma, dimensione e colore.

■ **ripetibile**: è importante che sia attivabile in ogni contesto.

■ **tempestiva**: è importante che sia apposta poco prima che la persona raggiunga l'apice dello stato.

ESERCITAZIONI

1.

■ Allenatevi con un vostro amico ad apporre ancore per stati positivi da riattivare in situazioni un po' difficoltose, come abbiamo esemplificato, tenendo presente le caratteristiche dell'ancora per un ancoraggio efficace.

2.

■ Allenatevi a riconoscere nella vostre esperienze quotidiane le ancore che vi attivano stati negativi e pensate a strategie per eluderle.
Allenatevi quindi a riconoscere le ancore che attivano in voi gli stati positivi e a chiedervi in quali circostanze attraverso le medesime ancore potreste renderli disponibili in contesti diversi.

In breve

■ Sappiamo che ogni nostra esperienza viene elaborata con una rappresentazione interna, e questa dà luogo a una sensazione o a un insieme di sensazioni, cioè a uno stato interno a cui noi attribuiamo una valenza e un nome.

■ Alcuni elementi visivi, auditivi, cenestesici, olfattivi o gustativi di quella rappresentazione funzionano da ancore, stimoli per rievocarla e per riattivare lo stato emotivo interno che aveva generato.

■ Prendendo spunto dalla struttura di questo funzionamento, possiamo ripercorrere il processo e consapevolmente apporre delle ancore per riattivare degli stati positivi.

Concludendo

Ogni volta che siamo in uno stato negativo sappiamo che potremo fare qualcosa che ci fa cambiare stato.
Possiamo pensare alla nostra vita come una gran bella avventura, o possiamo pensarla soltanto come una lunga serie di difficoltà, ma chissà che questa idea non abbia in qualche modo anche a che vedere con la qualità degli stati che più frequentemente ricorrono nella nostra esperienza quotidiana.
Si può avere una vita che a un osservatore esterno appare molto "normale" ma viverla attraverso stati interni di eccitazione, meraviglia, stupore, entusiasmo.
Si può avere al contrario una vita che dall'esterno appare piena di potenzialità e di opportunità, ma viverla attraverso stati interni di rassegnazione, rinuncia, impotenza, paura.
Potremo a questo punto ancora chiederci se non sia soltanto una questione di percezioni.

CAPITOLO 10
Raggiungere i traguardi
■ ■ ■

OBIETTIVI E VALORI

Ciò che consente all'essere umano di sopravvivere, muoversi ed evolvere è un funzionamento per obiettivi.

Si può definire un comportamento come la parte evidente della comunicazione. Quello che vediamo, ascoltiamo, tocchiamo è la comunicazione.

Il comportamento è sempre funzionale a qualcosa.

È retto da un criterio di utilità: attuandolo si può raggiungere un obiettivo. Questa è la sostanza della comunicazione.

L'unità di processo del comportamento è una relazione funzionale fra una convinzione, un comportamento e un obiettivo.

Qualsiasi esperienza, anche la più elementare, come alzarsi da una sedia, sottintende un processo del genere.

La convinzione è una connessione fra un comportamento e un obiettivo che si apprende e si memorizza. Almeno una volta abbiamo attuato il comportamento che ci ha fatto raggiungere quell'obiettivo.

Quando un'esperienza è condivisa da molti fa sì che questa convinzione diventi abbastanza indiscutibile.

Quando più esperienze confermano a una persona la sua convinzione, questa assume la valenza di una verità assoluta.

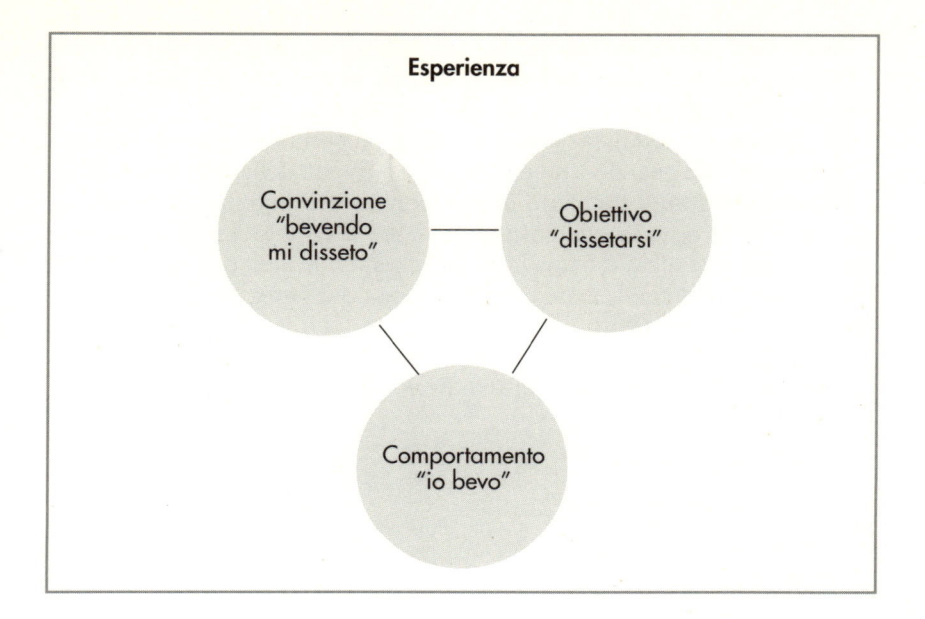

```
┌─────────────────────────────────────────┐
│              Esperienza                 │
│                                         │
│      ┌─────────┐      ┌─────────┐       │
│      │Convinzione│──│ Obiettivo │       │
│      │ "bevendo" │   │"dissetarsi"│     │
│      │mi disseto"│   └─────────┘        │
│      └─────────┘                        │
│               \         /               │
│              ┌─────────┐                │
│              │Comportamento│            │
│              │  "io bevo"  │            │
│              └─────────┘                │
└─────────────────────────────────────────┘
```

Se vogliamo cambiare una convinzione possiamo farlo soltanto agendo sull'esperienza.

Le esperienze già fatte naturalmente non si possono cambiare, se ne possono però aggiungere delle altre, magari soltanto sperimentate con una rappresentazione interna.

Pensate a quante decisioni prendiamo sulla base delle esperienze non fatte ma soltanto immaginate.

Ogni comportamento è scomponibile in una serie di sottocomportamenti.

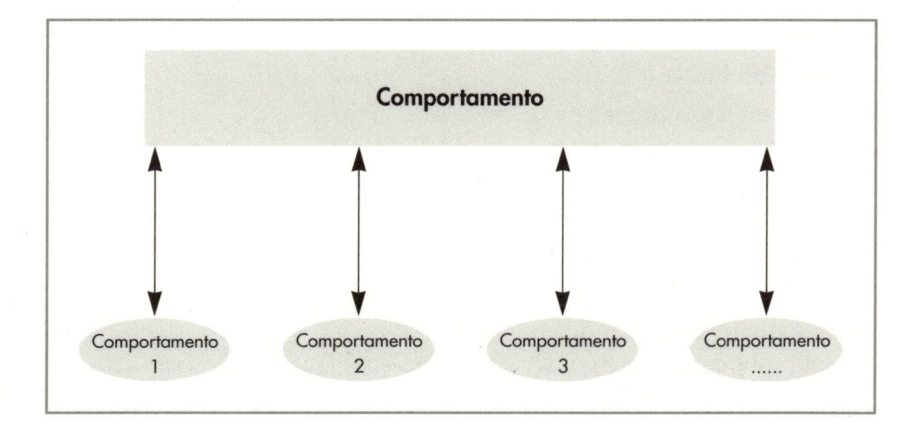

```
┌──────────────────────────────────────────────┐
│         Comportamento                        │
└──────────────────────────────────────────────┘
    ↕         ↕         ↕         ↕
 Comport.  Comport.  Comport.  Comport.
    1         2         3        ......
```

Dietro ogni comportamento c'è un'intenzione positiva.

Ogni comportamento nel momento che la persona lo attua è il migliore comportamento per lei possibile in quel momento.

Risponde alla soddisfazione di un valore e porta verso un obiettivo.

Questo anche quando l'obiettivo non è a livello della consapevolezza.

Anche nel comportamento indesiderato o nella connessione fobica, che associa la vista di qualcosa o un suono ascoltato a una sensazione negativa parossistica, c'è una logica che risponde a un criterio, è un apprendimento che ci è servito e poi è diventato disfunzionale perché applicato automaticamente.

Per esplorare questo funzionamento nei nostri processi e in quelli degli altri possiamo porre una serie di domande:

■ sulla **convinzione**:

- di che cosa sei convinto?
- come mai sei convinto di questo?
- che cosa pensi di ottenere?

■ sul **comportamento**:

- cosa fai?
- quando lo fai?
- dove lo fai?
- con chi lo fai?
- come lo fai?

■ sull'**obiettivo**:

- che cosa ottieni?
- che cosa fa per te?
- che vantaggi ottieni?
- a che cosa ti serve?

Il successo che alcune persone ottengono più facilmente di altri, non è una questione di fortuna, non è casuale, ma ha una struttura ed è una struttura per obiettivi.

A volte noi non sappiamo dire che cosa vogliamo. Abbiamo dei desideri, dei sogni nel cassetto, qualcosa a cui aspiriamo per tutta la vita, ma poiché li pensiamo come irrealizzabili, di fatto non li realizziamo e neanche tentiamo di farlo.

Questi vaghi desideri potrebbero diventare realizzabili se potessimo formularli in modo corretto.

Le caratteristiche di un obiettivo sono:

■ la **prefigurazione**: l'obiettivo è lanciato nel futuro, anche soltanto un attimo dopo di ora;

■ la **rappresentazione interna** sensorialmente basata ("Cosa vedo, ascolto, sento?"): quanto più questa rappresentazione sarà intensa tanto più il cervello ne sarà attratto;

■ la **misurabilità**: "Quanto ne voglio? In quanto tempo? Per quanto tempo?";

■ la **dinamicità**: è un processo trasformativo fra un punto di partenza (stato presente) e un punto di arrivo (stato desiderato), adottati per concettualizzare momenti di consapevolezza. Lo pensiamo come una serie di fotogrammi, ma si può dire che sia un film;

■ la **specificità**: è descrivibile nei particolari;

■ la **motivazione**: è sostenuto da dei valori; per noi raggiungerlo è importante perché soddisfa qualche valore; risponde alle domande: "Che cosa c'è di importante per me nel raggiungere questo obiettivo?"; "Cosa sono disposto a fare per...?".

Esistono dei criteri di corretta formulazione linguistica dell'obiettivo, che in quanto espressione di un processo mentale ne possono favorire il raggiungimento.

Esplicitato in positivo
La formulazione linguistica positiva è amichevole per il cervello, che al contrario non percepisce la negazione.
Se noi diciamo a qualcuno: "Non pensare a degli elefanti rosa", la persona prima si immaginerà un elefante normale, poi lo colorerà di rosa, e poi lo cancellerà. Se noi ci diciamo: "Stai attento a non cadere dalle scale", prima ci facciamo una raffigurazione di noi che cadiamo, quindi la cancelleremo; di fatto quasi di certo inciamperemo.
Un obiettivo formulato in negativo porterà la persona proprio verso ciò che teme di più. Quindi, anziché dirsi: "Non voglio essere grasso", è meglio dire: "Voglio essere nella mia forma ideale".
La domanda a cui risponde è: "Che cosa vuoi ottenere?".

Se la formulazione fosse negativa si può chiedere: "OK, questo è ciò che non vuoi, ma allora che cosa vuoi?".

Ha una direzione
Molte persone impiegano il loro tempo a pensare a ciò che non vogliono, anziché a trovare una propria direzione nella vita.

In auto non si capisce dove andare guardando nello specchietto retrovisore.

Il senso di dove stiamo andando è quello che ci consente di organizzare il nostro presente in vista del nostro futuro.

Sensorialmente basato
È descrivibile in termini di sistemi sensoriali.
"Quando l'avrai ottenuto, cosa vedrai, cosa ascolterai, cosa sentirai?"
"Come farai a sapere quando l'avrai ottenuto?"

Misurabile
In termini di quantità, di tempo per raggiungerlo, per quanto tempo lo si vuole.
"Quanto ne vuoi?"
"Quanto tempo ti dai?"
"Per quanto tempo lo vuoi?"

Acquisito e mantenuto sotto la propria responsabilità
"Chi lo vuole?"
"Da chi dipende raggiungerlo?"

C'è chi teme di assumersi responsabilità rispetto ai propri obiettivi e preferisce attribuire ad altri la colpa per non averli raggiunti. Ma la questione è nostra e ha a che vedere con il chiedersi di chi sia la vita in questione e cosa si voglia dentro la propria vita.

Ecologico
"Quando lo avrai raggiunto come ti sentirai?"
"Che cosa succede a te?"
"Che cosa succede agli altri?"
"Quanto ti costa?"
"Che prezzo sei disposto a pagare?"
"Cosa perdi tu?"
"Cosa perdono gli altri?"
"Cosa c'è di importante in quello che perdi?"

Non sempre ciò che si vuole è ecologico per il nostro sistema di valori.

La nostra parte conscia esprime ciò che vogliamo, ma è la parte inconscia che produrrà la volontà.

Il comportamento non è un obiettivo. Quando lo è, siamo in un sistema burocratico in cui l'obiettivo è la stabilità del comportamento.

L'obiettivo non riguarda l'identità ma l'azione, non ha a che vedere con l'*essere* ma con il *fare*.

Essere felice non è un obiettivo, fare alcune cose che possono indurci uno stato di felicità potrebbe essere un obiettivo.

Se tutti i comportamenti umani rispondono a un funzionamento per obiettivi possiamo immaginare che l'obiettivo che prendiamo in considerazione sia soltanto una incorniciatura di un sistema a cascata dove ogni obiettivo ha sotto di sé dei sottobiettivi, che sono strumentali al raggiungimento di quello immediatamente sopra in ordine gerarchico.

"Che cosa ti occorre per raggiungere questo obiettivo?"

Analogamente, ogni obiettivo è strumentale per un obiettivo più alto.

"A che cosa ti serve questo obiettivo?"

Probabilmente in ordine gerarchico si arriverà alla soddisfazione di uno o più valori e salendo ulteriormente alla missione, al proprio scopo nella vita.

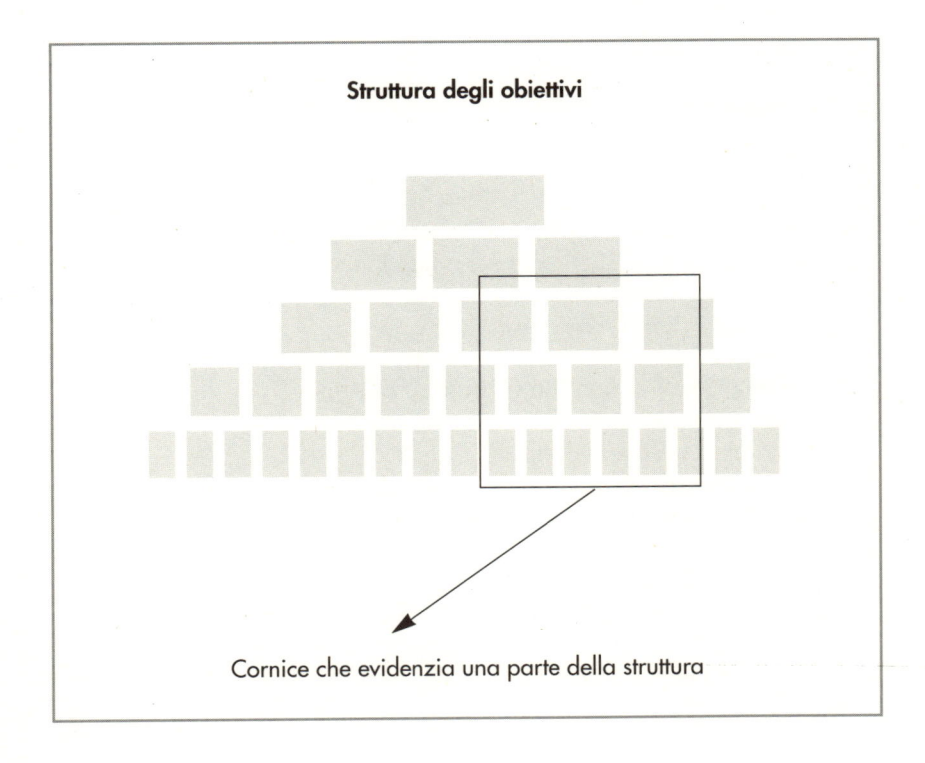

Struttura degli obiettivi

Cornice che evidenzia una parte della struttura

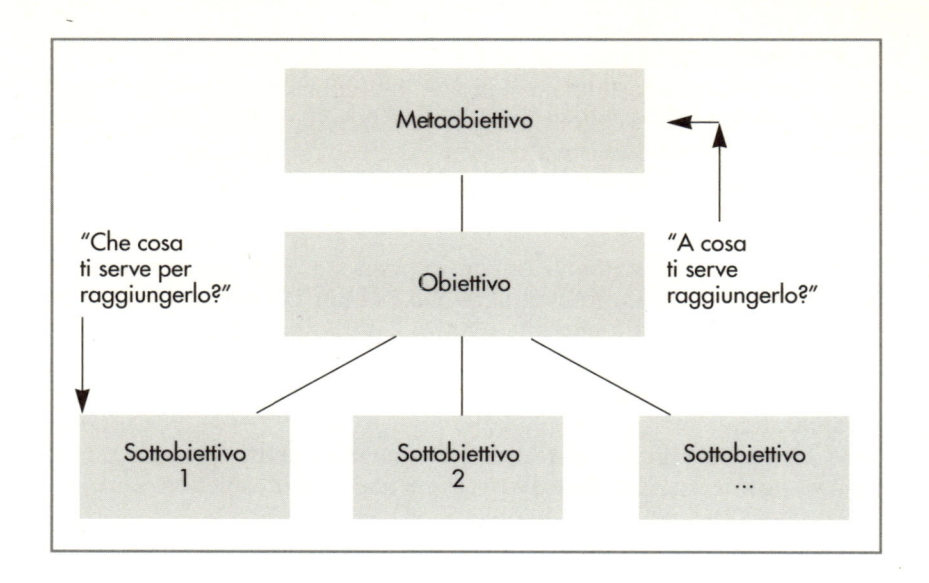

```
                    ┌─────────────┐
                    │ Metaobiettivo│◄──┐
                    └──────┬──────┘   │
                           │          │
  "Che cosa          ┌─────┴──────┐   "A cosa
  ti serve per       │  Obiettivo │   ti serve
  raggiungerlo?"     └─────┬──────┘   raggiungerlo?"
       │          ┌────────┼────────┐
       ▼          │        │        │
  ┌─────────┐ ┌─────────┐ ┌─────────┐
  │Sotto-   │ │Sotto-   │ │Sotto-   │
  │biettivo │ │biettivo │ │biettivo │
  │   1     │ │   2     │ │  ...    │
  └─────────┘ └─────────┘ └─────────┘
```

SPECIFICAZIONE DELL'OBIETTIVO

■ *Chi lo ottiene?*

■ *Cosa ottiene?*

■ *Quanto ne ottiene?*

■ *In quanto tempo?*

■ *Come farà a sapere che l'ha ottenuto?*

■ *Di cosa è o non è responsabile?*

■ *Cosa perderebbe se lo ottenesse?*

Per raggiungere gli obiettivi, è anche necessaria una verifica periodica di dove si è e di dove si sta andando, per correggere e ritarare la propria direzione.

Spieghiamoci con un esempio.

Supponiamo che il mio obiettivo sia *acquistare una casa grande*.

È formulato in positivo?
Sì.

È rappresentabile sensorialmente?
Sì, mi vedo in questa grande casa molto bella, che posso descrivere nei minimi dettagli, ascolto le voci dei miei familiari che la abitano e degli amici che verranno a trovarmi, sento che è la mia casa ideale e la trovo molto confortevole, sono molto contento.

È misurabile?
Sì, è una casa di 100 metri quadrati, so il suo prezzo, raggiungerò questo obiettivo entro due anni.

Verifica dell'ecologia.
Quando avrò raggiunto il mio obiettivo, io sarò contento, mia moglie forse avrà più da fare in casa, potrei comunque aiutarla, potrei ospitare i miei genitori quando vengono a trovarmi.

Che prezzo dovrò pagare?
Probabilmente per l'impegno economico dovrò fare qualche ora di lavoro straordinario, e sacrificare magari il superfluo, qualche vacanza in meno, rinunciare ad acquistare l'automobile nuova, ma lo faccio volentieri.

Che cosa mi occorre?

– Risparmiare qualcosa per avere un acconto;

– scegliere bene la zona, e individuare anche la vicinanza delle scuole;

– scegliere il tipo di casa, funzionale per le esigenze della mia famiglia;

– cercare una casa grande in buone condizioni: girando un po' per le strade e un po' con gli annunci economici; se non riuscirò a trovarla, rivolgermi a un'agenzia.

Questa grande casa a che cosa mi serve?
Amo molto la mia famiglia e voglio che viva in un ambiente confortevole, mi piace stare in casa, è il mio rifugio e il luogo dei miei affetti.

Questo obiettivo, per quanto magari ambizioso, ha buone probabilità di essere raggiunto perché tutti gli elementi appaiono congruenti, esiste un progetto, c'è una grande motivazione che lo regge, e una visione molto analitica anche delle difficoltà che sono state già messe in conto e valutate come superabili.

Ci sono d'altra parte degli obiettivi che in qualche parte sono carenti nella formulazione o mostrano delle contraddizioni o alla verifica ecologia risultano non funzionali.

Ci sono esempi di potenziali campioni che alla vigilia della performance che li potrebbe catapultare nel mondo delle star cominciano ad avere delle sconfitte.

Consapevolmente vogliono vincere, ma c'è qualcosa nel loro sistema che teme le conseguenze del successo. La perdita delle amicizie, l'allontanamento dalla famiglia, il dovere di mantenere standard di prestazione sempre più elevati...

Conosco una persona che da anni si rammarica di non essersi sposata e di non essere ancora riuscita a farsi una famiglia; guarda caso finiva sempre col fidanzarsi con persone che già per come si presentavano non davano alcuna garanzia di matrimonio. Di fatto una parte di lei teneva in grande considerazione il valore della libertà, e quindi si innamorava soltanto di persone che lei non poteva legare a sé e che non l'avrebbero mai legata.

Molti uomini si lamentano di non essere apprezzati nel proprio ambito professionale e ripetono che dovrebbero cambiare lavoro. Però non lo cercano.

Evidentemente c'è qualcosa nell'attuale lavoro che soddisfa comunque qualche loro valore e che temono di non ritrovare nel cambiamento.

Queste persone non sono persone che falliscono i propri obiettivi, ma più propriamente che non se li pongono, o se li pongono senza tenere in considerazione una formulazione corretta.

Alcune delle semplici domande sopra citate potrebbero aiutarli a far chiarezza dentro di sé, rispetto a ciò che veramente vogliono, ai modi per ottenerlo, in linea con il proprio sistema di valori.

ESERCITAZIONI

1. A coppie.

- A compone una lista di comportamenti riscontrabili nel proprio ambito lavorativo o familiare che reputa negativi.

- B ipotizza possibili intenzioni positive per ogni comportamento negativo.

2. A gruppi di tre.

- A dichiara un proprio comportamento ricorrente.

- B esplora facendo le domande opportune per prendere informazioni su convinzioni, obiettivi e valori di A.

- C osserva i processi e confronta le sue osservazioni con quelle di B.

3. A gruppi di tre.

- A racconta un'esperienza in cui ha ottenuto quello che voleva e un'altra esperienza in cui racconta una cosa che amerebbe fare ma che non ha ancora fatta, come se l'avesse fatta.

- B e C indovinano l'esperienza vissuta e quella immaginata ed evidenziano gli elementi di calibrazione che li hanno portati a indovinare.

4. A gruppi di tre.

- A esplicita un suo obiettivo.

- B aiuta A attraverso domande opportune a formulare correttamente il suo obiettivo e a verificarne l'ecologia.

- C osserva il processo e riferisce le sue osservazioni.

- A dichiarerà se le domande di B hanno in qualche modo modificato il suo pensiero rispetto alla prima esplicitazione dell'obiettivo.

In breve

■ Il raggiungimento dei traguardi è un'operazione che si fonda su un processo che il cervello dell'uomo conosce molto bene.

■ La relazione funzionale che c'è tra un'esperienza fatta o vista che ha prodotto delle conseguenze, la convinzione che ne deriva, e il comportamento che ripetiamo per raggiungere il medesimo risultato è l'unità comportamentale presente in ogni azione dell'uomo.

■ Noi possiamo identificare questa struttura e trasportarla in altri contesti per ottenere obiettivi anche molto complessi.

■ Un obiettivo anche di grande portata è comunque scomponibile in una serie di obiettivi più piccoli, ciascuno scomponibile a sua volta in ulteriori più piccoli obiettivi, che possono apparirci magari più perseguibili.

Concludendo

Rispetto agli obiettivi, nel mondo incontriamo tre tipi di persone:

■ quelli che ritengono di essere degli sconfitti, perché non sono riusciti a ottenere ciò che desideravano, ma di fatto non ci hanno mai provato;

■ quelli che li hanno ottenuti, ma che non si soffermano mai a fare questa considerazione e a congratularsi con se stessi;

■ quelli che hanno sufficiente abilità per riconoscere come si fa, dal momento che già lo fanno con migliaia di microcomportamenti quotidiani, e hanno quindi abbastanza chiaro e presente dove stanno andando e il perché.
Questi ultimi noi li chiamiamo uomini e donne di successo.

COME COSTRUIAMO LE RELAZIONI

CAPITOLO 11

Rispecchiare e guidare l'interlocutore
■ ■ ■

IL RISPECCHIAMENTO

Il "rispecchiamento" si può definire la forma di comunicazione più primitiva. L'abbiamo visto in alcuni film considerato come l'unico contatto possibile fra esseri che non hanno un linguaggio comune. Nel film *ET*, il bambino e l'extraterrestre cominciano a comunicare rifacendo l'uno i gesti dell'altro. Analogamente nel film *Incontri ravvicinati del terzo tipo*, uomini ed extraterrestri comunicano riproducendo il medesimo suono. Il messaggio è amichevole: "Ti sono uguale, siamo in qualche modo simili".

Con i neonati si comunica istintivamente imitando le loro espressioni e i loro versi, i bambini rispondono con il sorriso a un sorriso.

Nella vita di tutti i giorni ci può capitare di osservare i ragazzi di un gruppo camminare con la stessa andatura, due ragazze a braccetto camminare con lo stesso passo.

Al ristorante possiamo riconoscere due innamorati fra altri. Si muovono nello stesso modo, parlano con il medesimo tono di voce, sembrano l'uno lo specchio dell'altro.

In un'aula di formazione, se tutti sono coinvolti e partecipi, è molto probabile che assumano tutti una posizione analoga.

Questa forma di rispecchiamento non è intenzionale, ma istintiva fra persone che si trovano bene insieme.

Se è vero che persone che si piacciono si rispecchiano istintivamente, è anche vero che un rispecchiamento intenzionale può facilitare di molto la comunicazione. Quando una persona assume la posizione di un'altra, ciò produce due effetti.

■ Il primo effetto sulla persona che mette in atto il rispecchiamento: nella stessa posizione dell'altro accederà a uno stato abbastanza simile a quello del suo interlocutore. Se una persona è seduta con le spalle aderenti alla poltrona avrà anche uno stato adeguato a quella posizione, diversamente da quando è appoggiata con i gomiti sulla scrivania e la testa fra le mani.

■ Il secondo effetto sull'interlocutore: a livello inconsapevole riconoscerà l'altra persona come simile, si sentirà profondamente capita.

Ricordo una situazione in cui mi capitò di accompagnare due dirigenti di una società a un incontro per una trattativa abbastanza difficile. La mia presenza era assolutamente occasionale e non avevo alcun titolo per intervenire nella discussione in nessun modo. Fu subito chiaro che le cose non stavano andando molto bene e il contrasto era abbastanza forte. Dalla sua posizione il rappresentante dell'altra azienda non mi degnava neppure di uno sguardo, né tanto meno accennava a rivolgermi la parola. Non potendo fare nulla cominciai a rispecchiarlo. Dopo qualche minuto egli si voltò verso di me e cominciò a chiedermi conferma di quanto sosteneva. Si stava aprendo uno spiraglio.

Il rispecchiamento può avvenire a diversi livelli:

■ a livello **non verbale**, quando si riproducono la posizione, i gesti, i movimenti, la respirazione, l'espressione del viso dell'altro;

■ a livello **paraverbale**, quando si riproducono il tono della voce, il volume, il timbro, la velocità;

■ a livello **verbale**, quando si utilizzano i predicati verbali di uno stesso sistema rappresentazionale, quando si utilizzano gli stessi metaprogrammi.

Quando il rispecchiamento è completo e protratto si definisce "ricalco".
Il rispecchiamento non è uno scimmiottamento o una presa in giro.
Va condotto con naturalezza e sarà tanto più spontaneo, quanto l'attuarlo ci farà veramente accedere allo stato interno dell'altro.

Si definisce "rispecchiamento incrociato" quello condotto in un canale diverso. Per esempio, si può rispecchiare la respirazione dell'altro muovendo le dita sul tavolo con lo stesso ritmo, si può sottolineare la cadenza del discorso con dei movimenti del capo.

ESERCITAZIONI

1. A gruppi di tre.

- A assume una certa posizione corrispondente a un suo stato d'animo piacevole.
- B cerca di assumere la medesima posizione.
- C aiuta B ad assumere quella posizione con molta cura per qualche minuto.
- Quando ciò sia avvenuto, B riferirà come si è sentito in quella posizione.

2. A gruppi di tre.

- A e B dialogano dandosi le spalle.
- C indica ad A di variare la voce esponendo uno dei seguenti cartelli:

– alza il volume della voce;

– abbassa il volume della voce;

– fai una voce acuta;

– fai una voce bassa;

– aumenta il ritmo;

– diminuisci il ritmo.

- B, che non vede il cartello, segue A imitandone il più possibile la voce.

PNL la programmazione neurolinguistica

Tre situazioni di rispecchiamento

LA GUIDA

La "guida" è qualcosa che ha a che vedere con la capacità che abbiamo di accompagnare le persone lungo una direzione diversa da quella che stanno percorrendo.

È soltanto a partire dal rispecchiamento e dal ricalco, che si può indurre una persona a fare un cambiamento.

Supponiamo che un vostro amico arrivi all'improvviso a casa vostra disperato per un avvenimento molto grave che gli è accaduto. È fuori di sé, la sua respirazione è alterata, parla in modo concitato, sta vivendo una situazione per lui fortemente drammatica.

Se pensate di tranquillizzarlo con un tono di voce rassicurante dicendogli che non è successo nulla di tragico e che tutto si aggiusterà, molto probabilmente le vostre parole non sortiranno nessun effetto positivo, quando addirittura non produrranno un peggioramento del suo stato.

Infatti, il vostro amico in quel momento vi sente distante, pensa: "Non capisce la mia sofferenza, non riesce a sentire quello che provo, crede che io esageri perché non può sapere che cosa significa per me".

Oppure pensa: "Guarda lui come è tranquillo! Lui sì che è un uomo equilibrato, io invece non mi so gestire, mi ritrovo sempre a essere vittima di qualcosa o di qualcuno!".

In entrambi i casi le conseguenze del vostro comportamento verso di lui, pur con un'intenzione positiva, hanno peggiorato il suo stato.

Soffre e in più si sente incompreso o inadeguato.

Diversamente, se voi lo accogliete ricalcando la sua eccitazione, la sua voce concitata, il ritmo della sua respirazione e gli dite che sapete cosa si prova a essere in quella situazione, attuate cioè un rispecchiamento, e soltanto successivamente cominciate a rallentare il respiro, ad abbassare la voce, e usando i predicati verbali del suo sistema rappresentazionale cercate di riportarlo alla ragione, il risultato sarà sicuramente migliore.

Fanno così le mamme istintivamente, quando i bambini cadono o si fanno male e cominciano a piangere urlando. Anche la mamma arriva a soccorrerlo urlando ("Ma cosa è successo!") e compatendolo ("Povero il mio piccolino!"), soltanto in un secondo momento lo tranquillizza dicendo che non è nulla.

Pensate a una situazione di reclamo in cui il cliente è arrabbiatissimo per un disservizio e lo comunica a un responsabile che anziché dimostrare di comprendere il suo disagio e l'importanza del danno, minimizza con voce monocorde ripetendo frasi di circostanza.

Questo avviene frequentemente in alcuni uffici pubblici e il risultato è un aumento dell'aggressività.

Se siete invece voi quelli che devono recarsi in un ufficio pubblico per esporre un reclamo o per ottenere un rimborso, evitate di assumere un tono da tregenda, recatevi sul posto dando per scontato che vi ci vorrà molto tempo, parlate all'impiegato con tranquillità poiché anche voi siete certi che c'è un rimedio, che lui sicuramente può aiutarvi a trovare la procedura più adatta. Quando avrete la sua attenzione e la sua disponibilità, potrete cominciare a farlo appassionare al vostro caso.

Così come il rispecchiamento è basato su elementi di uguaglianza, la guida si fonda sull'introduzione di una differenza nell'uguaglianza.
Il messaggio è: "Abbiamo mappe abbastanza simili, adesso tu puoi prendere un elemento della mia mappa che non hai e introdurlo nella tua, così che saremo ancora più simili".
"Il tuo comportamento è OK, è simile anche al mio, ma, se vuoi, puoi provare a fare anche qualcos'altro, come ho fatto anch'io".
La guida ha lo scopo di allargare la mappa dell'altro. L'introduzione di possibili elementi nuovi possono generare più scelte comportamentali.
Nelle relazioni in cui c'è molto feeling e molta sintonia, l'influenzamento è continuo e reciproco tanto che osservando dall'esterno non è facile capire chi guida e chi è guidato e quando.

ESERCITAZIONE

A coppie.

- A racconta un'esperienza piacevole a B.
- B rispecchia A.
- B prova a fare dei movimenti diversi per vedere se A lo segue.

A proposito di questa esercitazione vi riferisco un episodio simpatico.
Durante un corso di formazione in cui era stato proposto questo esercizio, osservavo come alcuni dei partecipanti, informati prima sul compito, nella parte di A fossero abbastanza attenti a non farsi guidare. In particolare in un gruppo, un B aveva cercato di fare l'inverosimile, ma il suo A non si faceva guidare. Nel momento successivo all'esercizio, quando entrambi stavano riferendo a un assistente la loro difficoltà, cominciarono a rispecchiarsi vicendevolmente in un modo così evidente che tutti se ne stupirono.

In breve

■ *Il rispecchiamento e la guida sono funzioni di processi di empatizzazione e influenzamento che continuamente ricorrono nella nostra esperienza quotidiana.*

■ *Portarli alla consapevolezza ci aiuta a distinguere gli elementi attraverso i quali noi possiamo attuarli e possiamo riconoscerli quando altri li attuano più o meno inconsapevolmente nei nostri confronti.*

Concludendo

La capacità di attuare il rispecchiamento e la guida è alla base di ogni comunicazione efficace, in ogni ambito.
Nessuna applicazione di metodologie risulterà soddisfacente se prima fra le persone non si sarà instaurato quel binario preferenziale lungo il quale tutto è più semplice, quella cornice entro la quale tutto è più possibile.

CAPITOLO 12
Quali domande e quali risposte
■ ■ ■

Selezionando gli stimoli esterni con i nostri filtri percettivi, viene eliso o distrutto il 99% delle informazioni. La parte restante, strutturata come abbiamo avuto modo di vedere nei capitoli precedenti, concorre alla costruzione della nostra mappa. Nel racconto dell'esperienza si perde ulteriormente il 99% di quell'1%.

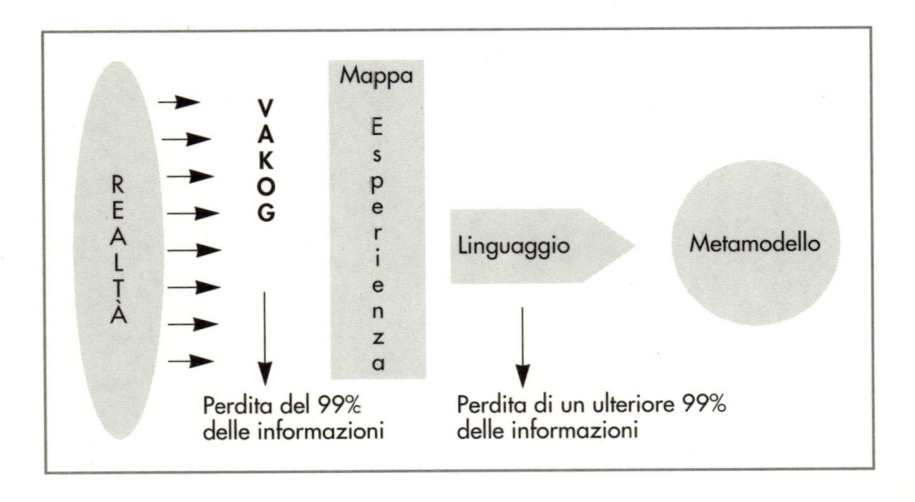

IL METAMODELLO LINGUISTICO

Il modo in cui organizziamo e assembliamo le informazioni, si ritrova nella struttura del nostro linguaggio.

Il linguaggio, quindi, che ogni persona usa è la comunicazione esterna di quello che è la sua mappa, un modello della mappa, e quindi un metamodello.

Abbiamo già visto come nel processo di semplificazione della realtà, necessario a renderci disponibili le informazioni più utili al nostro funzionamento, nella mappatura, sia indispensabile procedere per generalizzazioni, cancellazioni, deformazioni.

Quelle stesse funzioni le ritroviamo nel nostro modo di esprimerci.

Con il linguaggio noi dichiariamo continuamente quali sono le convinzioni che sono alla base dei nostri comportamenti.

Alcune condivisibili dalla maggioranza, altre più peculiari, più legate alla nostra esperienza personale.

Questo funzionamento è molto utile.

Ma la struttura del linguaggio, in quanto metamodello della mappa, tende a stabilizzarsi: le esperienze hanno originato delle convinzioni e la loro ripetizione ha rafforzato queste convinzioni e favorito lo stabilirsi di alcune connessioni.

La mappa tende a essere rigida e anche il linguaggio si irrigidisce.

Il linguaggio a sua volta influenzerà il modo di fare l'esperienza, nella direzione di rafforzare le convinzioni piuttosto che smentirle.

Così il nostro linguaggio può diventare una gabbia nella quale l'espressione linguistica delle nostre convinzioni limitanti ci impedisce di fare nuove esperienze e sperimentare cambiamenti di comportamento.

Quello che il cervello definisce come un successo, spesso non è quello che la persona ritiene essere un successo. Noi magari siamo infelici, ma per il nostro cervello è un successo che noi siamo vivi.

Nella situazione che ci è conosciuta il cervello sa che noi comunque viviamo, nella situazione nuova il nostro cervello non sa se noi sopravviveremo. D'altra parte il processo che presiede alla perpetuazione della vita si muove fra cambiamento e stabilità.

Si deve continuare a cambiare per mantenersi stabili e per poter cambiare abbiamo bisogno di alcuni punti fermi.

Per mantenere stabile la sua temperatura, il corpo deve attivare il meccanismo della termoregolazione, per mantenerci in equilibrio su una trave dobbiamo assestare dei micromovimenti.

Il dolore è una forma di riorganizzazione della mappa: ci sono delle informazioni, che producono delle sensazioni neurologiche negative, e con questo stimolo il sistema si riorganizza.

> Ogni volta che c'è un **allargamento** della mappa, c'è uno spostamento di paradigma e il sistema si rimodella e si organizza su nuove basi

Per mantenere quindi una certa stabilità, un certo equilibrio, è necessario che stimolati da cambiamenti esterni, noi conserviamo la possibilità di adeguare le nostre risposte e di riorganizzare la nostra mappa.

Spesso la rigidità del nostro linguaggio, espressione della nostra struttura profonda, ci impedisce di procedere in questa direzione.

Abbiamo la necessità di interrogare le nostre convinzioni, di "deipnotizzarci" dai nostri rituali. Alcune domande molto semplici hanno la funzione di recuperare le informazioni mancanti, di indurre alla specificazione, di disconnettere alcuni collegamenti arbitrari e non funzionali e di destabilizzare questa struttura sclerotizzata per allargare la nostra mappa, aprirci a nuove considerazioni, nuove scelte. Generalizzazioni, cancellazioni e deformazioni sono definite "violazioni" del metamodello. Le domande che portano alla specificazione e alla precisione sono definite "confrontazioni".

LE GENERALIZZAZIONI

Sono espressioni che definiscono la realtà in modo univoco, raggruppando le esperienze in categorie, come se non esistessero sfumature e differenze fra soggetti, oggetti e contesti.

Le domande di confrontazione hanno l'effetto di far recuperare alla persona le esperienze in cui quella generalizzazione non è valida.

Quantificatori universali

Tutti / Nessuno

Esempi:

- Tutti sfruttano la mia amicizia.
- Nessuno ti regala niente

Non hai mai incontrato qualcuno che...?
Non ti è mai successo che qualcuno...?

Sempre / Mai

Esempi:

- Succedono sempre le stesse cose.
- Non si riesce mai a stare tranquilli.

Non ti è mai capitato una volta che...?

Operatori modali

Devo (operatore modale di necessità)

Esempio:

- Devo impegnarmi in questa iniziativa.

Cosa ti succederebbe se non lo facessi?

Non posso (operatore modale di possibilità)

Esempio:

- Non posso venire con voi.

Che cosa ti impedisce di farlo?

Vorrei ma (operatore modale di volontà)

Esempio:

- Vorrei organizzare un bel viaggio, ma ho troppo da fare.

La parte di te che non lo vuole, allora cosa vuole?

LE CANCELLAZIONI

Sono espressioni linguistiche che tendono a cancellare pezzi interi di esperienza.

Le cancellazioni eliminano molte informazioni e spesso si riducono a esclamazioni, oppure trasformano delle espressioni che indicano un processo in sostantivi, fissandole in qualcosa di rigido.

Le domande di confrontazione hanno l'effetto di recuperare le informazioni mancanti e di indurre la persona a specificare quali comportamenti ci siano sotto alcune etichettature.

Cancellazione semplice

L'argomento non è specificato.

Esempio:

- Sono stufo.

Di chi?
Di che cosa?

Mancanza di indice referenziale (soggetto)

Non è specificato il soggetto.

Esempi:

- Si dice
- Loro dicono
- Altri dicono
- Qualcuno dice

Chi lo dice?

Spostamento di indice referenziale (soggetto)

Spostamento del soggetto.
Chi sta parlando non usa "io", ma "tu" o "uno".

Esempi:

- Allora uno dice...
- Allora tu dici...

Chi dice questo? (Io.)

Mancanza di comparativo

Esempi:

- È meglio
- È preferibile
- È peggio

Rispetto a chi?
Rispetto a che cosa?

Verbo non specificato

Non è specificato il verbo.

Esempio:

- Lui non mi apprezza.

In che modo specificamente?
Come fa a...?

Falso avverbio

È un avverbio che sostituisce un verbo.

Esempi:

- Chiaramente = è chiaro
- Naturalmente = è naturale
- Ovviamente = è ovvio
- Certamente = è certo

Per chi?

Nominalizzazioni

Sono verbi, azioni trasformate in sostantivi. Indicano sempre concetti astratti.

- Amore = amare
- Benessere = stare bene
- Evoluzione = evolvere

Cosa vuol dire per te?
Quali comportamenti include?
In che modo? Con chi? Con cosa?

Le deformazioni

Sono modi di collegare le cose in modo abbastanza arbitrario.

Le domande di confrontazione hanno l'effetto di disconnettere queste connessioni, inducendo la persona a riconoscere contesti e situazioni in cui non sono valide, o in cui assumono significati diversi.

Causa-effetto

A causa B.

Esempio:

- Quando lui urla mi rende nervoso (A urla - B nervoso).

Come fa A a causare B?
È mai capitato che A non causasse B?

Equivalenza complessa

X significa Y.

Esempio:

- Se arrivi in ritardo, non mi rispetti (arrivare in ritardo significa non rispettare).

In che modo X significa Y?
È mai capitato che X significasse qualcosa di diverso?

Lettura della mente

Presupposto del pensiero di un'altra persona.

Esempi:

- So cosa stai per dirmi.
- Non preoccuparti.
- Ti vedo triste.

Come fai a saperlo?
Da che cosa lo sai?

Presupposti

Ci sono uno o più presupposti sui quali si sviluppa la frase.

Esempi:

- Dal momento che le cose stanno così...
- Tu che mi conosci bene...

Come lo sai?

Performativo mancante

Manca chi esprime l'opinione.

- È giusto.
- È sbagliato.
- È disonorevole.
- È morale.

Per chi?

Quando poniamo ad altri domande di questo genere è importante farlo con molta delicatezza.

Sono domande molto semplici, ma spesso hanno l'effetto di irritare le altre persone, in quanto le inducono a ripensare le proprie convinzioni e non tutti e non sempre potrebbero avere la voglia di farlo.

Se la vostra intenzione è quella di capire di più della mappa dell'altra persona o credete che in certe situazioni possa esserle utile per superare delle difficoltà, fatelo con molto garbo e soltanto nell'ambito di una buona relazione.

Spesso capita che in una sola frase siano contenute più di una violazione. È anche molto frequente che alla domanda di confrontazione fatta su una violazione la persona risponda con un'altra violazione.

ESERCITAZIONE

- Fate un elenco delle violazioni che più ricorrono nel vostro ambito familiare e professionale.
  Per ciascuna ponete la domanda adatta.

In breve

■ *Il linguaggio è la parte evidente della struttura della mappa.*

■ *Questa struttura può essere esplorata in noi stessi e negli altri riconoscendo le violazioni del metamodello e ponendo molto semplicemente le domande di confrontazione.*

Concludendo

Possiamo riconoscere le strutture linguistiche che limitano fortemente la nostra idea del mondo e che stabiliscono fra gli elementi dell'esperienza connessioni che sono spesso arbitrarie. Quando avrete allenato questa capacità di riconoscere le violazioni, vi accorgerete anche di quante violazioni ricorrono nel vostro linguaggio.
Potete quindi confrontarle con le domande adatte.
Sperimenterete quanto possa essere utile e liberatorio recuperare il senso della scelta.

CAPITOLO 13
La capacità di persuasione
■ ■ ■

Mentre progrediamo nella conoscenza della PNL, evidenziamo la struttura e l'organizzazione del nostro pensiero, e ciò che rende possibile la costruzione di mappe tanto diverse.

Ci appare probabilmente più naturale la possibilità di ampliare la nostra mappa, inglobando delle molteplicità.

Ora sappiamo che le nostre mappe sono determinate dal nostro "stile di apprendimento", dal nostro "stile di percezione", da come abbiamo interpretato le nostre esperienze già nel momento in cui le vivevamo, in pratica dal significato che abbiamo attribuito alle medesime.

Possiamo immaginare che le nostre mappe abbiano dei contorni permeabili: anche le mappe più rigide non sono immuni dall'essere emittenti e ricettori di influenzamenti.

Ogni volta che due persone si incontrano, l'influenzamento è reciproco, come abbiamo già detto considerando gli assunti fondamentali della PNL – che non si può non comunicare e che ogni comunicazione dà luogo a una retroazione –.

Se pensiamo al potere di influenzamento che può avere sul nostro umore la luminosità di una giornata piuttosto che riuscire ad arrivare puntuali in ufficio, a maggior ragione ci possiamo aspettare influenzamenti dalle relazioni interpersonali, fossero anche soltanto relazioni fugaci o occasionali fondate su uno sguardo, una parola, un gesto del corpo.

Permeabilità delle mappe

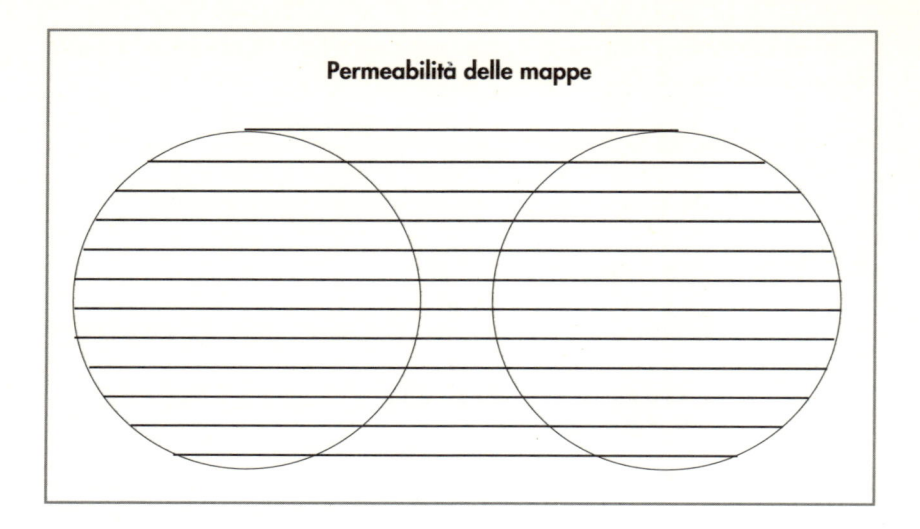

L'influenzamento assume la forma della persuasione quando la proposta di un'altra mappa ci fa intravedere la possibilità che per un'altra via, attuando un altro comportamento, si potranno raggiungere gli stessi obiettivi o gli stessi benefici, salvaguardando i nostri valori.

Il solo fatto che si possa ammettere che esistano altre possibilità distoglie la persona dalla sua rigidità e apre nuove prospettive.

LE RISTRUTTURAZIONI

È abbastanza frequente sentire persone che si lamentano e persone che manifestano dei problemi.

Distinguiamo opportunamente cosa sia una lamentela da cosa sia un problema. La lamentela è una semplice osservazione o commento su qualcosa che in generale non funziona. Una convinzione su come va il mondo o su come riteniamo di essere, qualcosa di abbastanza ineluttabile a cui ci si deve rassegnare.

Frasi del tipo:

- "A questo mondo i più meritevoli non arrivano mai!"

- "Al giorno d'oggi nessuno ha più voglia di lavorare!"

- "Quando uno è vecchio non lo vuole più nessuno!"

- "La roba che si compra adesso non è più come quella di una volta!"

sono lamentele, come quelle che possiamo fare su noi stessi o sulle relazioni con gli altri:

- "Nel lavoro me la prendo troppo a cuore"

- "Purtroppo io sono capace di amare soltanto in quel modo"

- "Mi preoccupo troppo per gli altri"

- "È mai possibile che ogni volta che incontro quella persona finisce che litighiamo?"

- "Non riuscirò mai a stare a dieta"

Un problema, invece, implica che si intraveda la possibilità di una soluzione. In modo proprio letterale, il problema implica una rappresentazione di me con il problema (stato presente) e una rappresentazione di me senza il problema (stato desiderato), la tensione fra queste due rappresentazioni crea disagio, inquietudine, insoddisfazione.

Se pensiamo ai problemi a partire dallo stato presente, evidenzieremo soltanto le limitazioni e qui rimarremo.

Ma nello stato desiderato ci sono già le soluzioni. Lì c'è una rappresentazione in cui noi ci siamo, con tanti buoni motivi per esserci, e ci stiamo bene. Può darsi che occorrano delle risorse per decidere di toglierci dallo stato presente per andare verso lo stato desiderato.

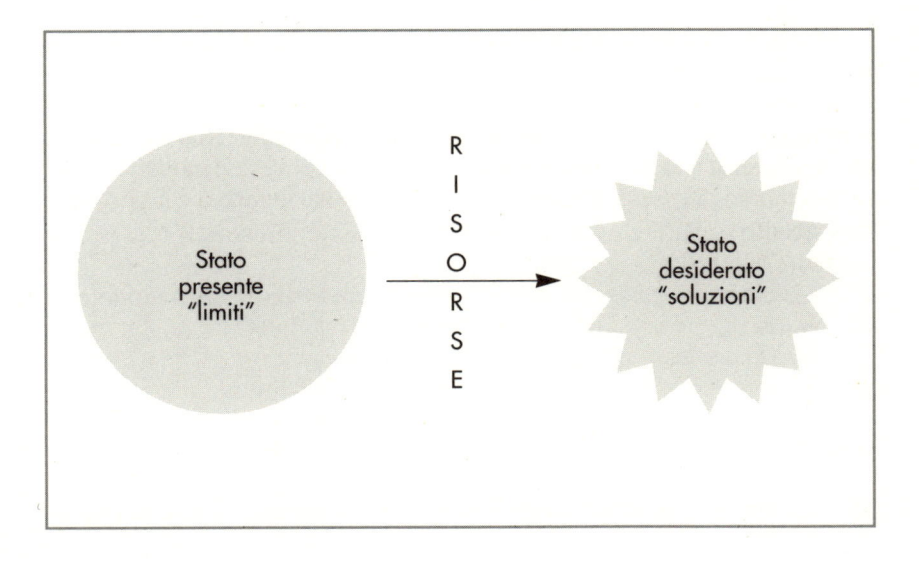

Stato presente "limiti" → RISORSE → Stato desiderato "soluzioni"

Spesso queste risorse ci sono tutte, ma sono compresse dalle convinzioni limitanti che abbiamo rispetto a ciò che siamo capaci di fare, a ciò che non possiamo fare, a ciò che dobbiamo fare ecc.

Il luogo delle nostre impotenze può essere anche un luogo comodo nel quale preferiamo rifugiarci piuttosto che osare un cambiamento.

Se ci pensiamo bene, le grandi decisioni della nostra vita sono spesso state originate da un grande disagio che ci ha spinto a compiere quel salto nel vuoto. È infatti un vuoto in cui abbiamo disconosciuto i vecchi comportamenti e ci siamo apprestati ad assumerne di nuovi, è un momento di disorientamento dal quale è più difficile tornare indietro piuttosto che andare avanti.

Tornando alle lamentele prima elencate, potrebbero essere riformulate in termini di stato desiderato:

■ "Voglio imparare a lavorare con un po' più di filosofia"

■ "Mi piacerebbe essere capace di amare anche in un altro modo"

■ "Vorrei dedicare più tempo a me stesso"

■ "Chissà se un giorno riuscirò ad andare daccordo con quella persona"

■ "Troverò finalmente la dieta su misura per me"

Mentre formulo queste espressioni, il cambiamento della struttura linguistica fa in modo che ora io possa avere una rappresentazione di me con il problema risolto, so quello che dico, quello che sto dicendo ha un senso perché me lo posso raffigurare.

Vi propongo un'esercitazione semplice ed esemplificativa.

ESERCITAZIONE

A coppie

Prima parte

- A racconta a B qualcosa che gli accade e che non gli piace, con l'atteggiamento di chi si trova davanti a un problema.
- B resta nella cornice problematica e pone ad A queste domande:
  – In che modo per te questo è un problema?
  – Cosa ti impedisce di fare qualcosa di diverso?
- A risponde.

Quindi si fa una piccola pausa in cui B distrae A dall'argomento. Poi si prosegue per la seconda parte.

Seconda parte

- A racconta a B il medesimo fatto con l'atteggiamento di chi ha davanti una sfida.
- B rimanendo nella cornice di sfida pone ad A queste domande:
  – Che cosa è importante per te in questa storia?
  – Che cosa ne potresti ricavare?
  – Ci potrebbero essere dei benefici?
- A risponde.

Al termine dell'esercizio, A riferisce a B se la percezione della situazione è cambiata e come tra la prima e la seconda parte dell'esercizio.

Si noti come nell'esercitazione B non abbia proposto alcuna soluzione del problema, ma abbia soltanto fatto delle semplici domande.

Queste domande non hanno suggerito nulla, hanno soltanto minato una rigidità. Questa destrutturazione riguarda il confine della mappa, non il contenuto.

Il messaggio è: "OK tu la pensi così. C'è anche un altro modo di vedere il mondo, e un altro ancora. Il tuo modo non è né giusto né sbagliato, è uno dei modi in cui si può vedere. Funziona? Ti porta ai tuoi obiettivi? Ti fa stare bene? Soddisfa i tuoi valori?".

Nel nostro vivere quotidiano continuamente vengono fuori problemi, ma non tutti si devono risolvere. Spesso come vengono, se ne vanno.

Frequentemente sono problemi immaginari, di percezione.

Originati dalle soluzioni di ieri.

La mente cosciente di solito limita la capacità di risolvere un problema. A volte è meglio lasciarsi andare, l'informazione per risolvere arriverà da sola.

L'idea è che se tolgo tutto quello che è sbagliato le cose andranno bene, con la metafora che il mondo sia come una macchina, se trovo il guasto poi funzionerà. Ma non ci sono errori da rimediare, soltanto cose da fare, nel miglior modo possibile.

Fino a cinque anni i genitori incoraggiano i bambini ponendo l'attenzione su quello che sanno fare bene, e in questo modo i bambini crescono. Da una certa età in poi i genitori si focalizzano sugli errori e quelli i bambini impareranno.

Così nella medicina l'orientamento non è la salvaguardia della salute, ma la cura della malattia.

Volendo, possiamo avere una visione così problematica della vita che ogni minima azione può sottendere un problema, dalla prima colazione del mattino all'ora di coricarsi la sera.

In questi casi il comparire di una motivazione forte verso qualcosa, un obiettivo, un'aspirazione, fa scomparire improvvisamente tutti i problemi.

Valga la metafora della nave incagliata sugli scogli: la disincagliamo con un rimorchiatore rischiando di fracassarla o aspettiamo l'alta marea per riprendere la navigazione?

Ogni volta che pensiamo all'interno di una struttura siamo dentro una cornice ipnotica in cui alcune cose ci appaiono assolutamente vere.

Ristrutturare un problema vuol dire cambiare la cornice.

La cornice di riferimento è quella che dà significato all'evento.

La ristrutturazione del contesto

Agisce su strutture linguistiche che implicano un "troppo".

Il significato che si attribuisce a un comportamento rimane invariato, ma cambia il contesto in cui quel comportamento ora non funzionale o sgradevole potrebbe invece risultare efficace.

Per esempio, una mamma parla del figlio:

- "Mio figlio è insopportabile, a casa è troppo preciso e meticoloso!"

Domanda:

- "OK, tuo figlio è così, e puoi trovare dei contesti in cui queste sue inclinazioni sarebbero utili e apprezzate?"

Ristrutturazione:

- "Se da grande volesse fare il chirurgo o riparare computer, la sua precisione e la sua meticolosità sarebbero preziose".

La ristrutturazione del significato

Agisce sulla struttura dell'equivalenza complessa
    X significa Y
introducendo altri significati
    X significa anche W, Z…
mentre il contesto rimane invariato.

Per esempio, una moglie parla del marito:

- "Basta vedere l'espressione che ha quando torna a casa la sera per capire che non mi ama" (= la sua espressione significa che non mi ama).

Domanda:

- "La sua espressione può significare che non ti ama, ma cos'altro potrebbe significare?"

Ristrutturazione:

- "La sua espressione può significare anche che è molto stanco, che ha litigato con il suo capo, che è triste perché vorrebbe offrirti una vita diversa, che è preoccupato per il vostro futuro ecc."

Se la ristrutturazione ha persuaso l'interlocutore dell'esistenza di altre possibilità, egli ve ne darà un segno molto evidente che potrete calibrare: spesso i lineamenti si distendono, gli occhi si illuminano e le labbra accennano a un sorriso. Non è tanto l'entusiasmo di chi ha trovato la soluzione di un problema, ma il sollievo di chi ha percepito che il problema non esiste. È come la liberazione da un autocondizionamento.

ESERCITAZIONI

1. A coppie.

- A elenca una serie di situazioni problematiche in cui prevalga l'espressione linguistica "troppo", legate alla sua vita familiare e professionale.
- B pone la domanda adatta e attende che A formuli almeno due ipotesi diverse per ogni problema.

2. A coppie.

- A elenca una serie di situazioni problematiche in cui prevalga l'espressione linguistica "significa che", legate alla sua vita familiare e professionale.
- B pone la domanda adatta e attende che A formuli almeno due ipotesi diverse per ogni problema.

In breve

- Alcuni problemi che manifestiamo sono semplici lamentele, fini a se stesse, per le quali non faremo mai assolutamente nulla.

- La maggior parte dei problemi è originata da una visione del mondo meccanicistica, in cui gli errori vanno eliminati perché le cose tornino a funzionare.

- Alcuni problemi possono evolvere con il raggiungimento degli stati desiderati e l'attivazione delle risorse.

- Alcuni problemi sono ristrutturabili in termini di contesto e di significato.

Concludendo

Questo capitolo sulle ristrutturazioni costituisce soltanto un accenno agli strumenti che la PNL ha sviluppato in questa direzione. L'argomento, che viene solitamente trattato a livelli di apprendimento superiori, necessita di approfondimenti basati sulla sperimentazione e l'interazione fra le persone, elementi che soltanto corsi di tipo pratico e non cognitivo possono offrire. Nondimeno riteniamo che comunque anche questo contributo abbia favorito la predisposizione di un atteggiamento mentale, senza il quale nessuna tecnica può essere applicata efficacemente.

Conclusione

Abbiamo visitato alcuni luoghi della PNL.
Poiché ricalca il nostro funzionamento di esseri umani questo modello ci è familiare. È quindi accessibile a tutti: ciascuno può sperimentarlo nelle sue esperienze quotidiane.
La PNL non insegna nulla.
Entra nelle nostre tempeste emotive, nei nostri sofisticati processi di apprendimento, in ciò che facciamo, per costruire, demolire, trasformare, cerca le risorse, scioglie le contraddizioni, libera dai condizionamenti, estrapolando con delle metafore semplici il funzionamento di una raffinata complessità.
Condividere questo modello vuol dire muoversi nel mondo, in mezzo alle persone e nella relazione con se stessi con attitudini particolari.
Flessibilità, curiosità e interesse per le differenze, acutezza sensoriale, attenzione agli altri e rispetto della loro ecologia, capacità di ricevere feedback, inclinazione a porsi delle domande anziché a darsi delle risposte.
Vuol dire non indugiare su errori e fallimenti, ma soffermarsi a ricercare delle buone opportunità dentro qualsiasi situazione.
Significa ricercare con equilibrio e fiducia il senso della responsabilità di sé e della direzione della propria vita e riconoscere di essere investiti di un potere trasformativo nei confronti del mondo.
La PNL si propone.

Alcuni potranno assumerla come un abito mentale.
Altri potranno semplicemente utilizzare alcuni strumenti.
Provatela, se funziona tenetela, se non funziona buttatela via.
E questo sarebbe proprio un atteggiamento "piennellistico".

Per informazioni sui corsi di Programmazione Neurolinguistica:

Modelli di Comunicazione
Istituto di Programmazione Neurolinguistica PNL
via Cusani, 5 – 20121 Milano
Tel. +039/ 02 8051200 – Tel./Fax +039/ 02 8051063
E-mail: istitutomc@libero.it
Web: www.istitutomc.it

Glossario

■ ■ ■

Associato / dissociato: modo nel quale ci si rappresenta un'esperienza; vivendola in prima persona (associato) o vedendo se stessi come in un film o una foto (dissociato).

Calibrazione: identificazione di tutti i segnali visibili, ascoltabili e percepibili che giungono dal o dagli interlocutori e identificazione delle variazioni di questi segnali.

Congruenza: i segnali verbali, paraverbali e non verbali si rafforzano a vicenda e seguono la stessa direzione senza contraddizione o ambiguità tra il messaggio sostenuto da uno e quello sostenuto dagli altri due.

Ecologia: congruenza reciproca di tutti gli elementi indicativi del soggetto in relazione con se stesso, con gli altri o con l'esterno. Da verificare in particolare modo per quanto riguarda un obiettivo o in generale un cambiamento che si vuole ottenere.

Guida: all'interno della cornice di rapport, conduzione della relazione tramite la modifica più o meno graduale di elementi non verbali, paraverbali o verbali. Funziona anche come test del ricalco, poiché si può realizzare solo quando questo è pienamente compiuto.

Lettura della mente: il soggetto attribuisce una propria sensazione o un proprio significato al o ai segnali dell'interlocutore. Mentre l'ipotesi come tale necessita di una verifica, la lettura della mente è in sé già definitiva.

Livelli logici: "complessizzazione successiva" di elementi che organizzano l'esperienza; questi elementi sono interagenti tra loro, in parte anche riconducibili a una scala gerarchica.

Mappa: insieme delle rappresentazioni che costituisce il modo personale di ciascuno di esperire la realtà circostante. Per ogni soggetto è modificabile nel tempo, può essercene più d'una, ha lo scopo di conoscere e riconoscere il mondo per orientare le esperienze.

Metamodello: modello di tipo linguistico, che ha come scopo quello di aiutare l'interlocutore a specificare, esplicitare e completare la verbalizzazione di un'esperienza. Ciò porta l'interlocutore ad allargare e riorganizzare quella stessa esperienza.

Metaprogrammi: filtri tramite i quali si codificano le esperienze; modi di percepire e organizzare gli input, modi di orientarsi, di scegliere, di apprendere.

Modellamento: il soggetto riproduce un comportamento messo in atto da un'altra persona. Per essere tale il modellamento deve riprodurre tutti gli aspetti della fisiologia, generare lo stesso tipo di stato interno e arrivare a ricalcare anche le convinzioni e i valori del modello prescelto.
Lo scopo è solo quello dell'apprendimento e dell'acquisizione di ulteriori abilità, ampliando le proprie possibilità di risposta in una certa situazione.

Movimenti oculari: mentre il soggetto parla, pensa o osserva, gli occhi compiono movimenti in alto, in basso o di lato; ognuno di questi movimenti è indicatore di un canale sensoriale.

Posizioni percettive: "punto" dal quale il soggetto percepisce. Comunemente si chiama "punto di vista".

Rapport: strumento di tipo relazionale, "cornice" all'interno della quale si possono impiegare gli altri strumenti PNL; si avvale della tecnica del ricalco usata congruentemente con l'attenzione e l'intenzione nei confronti del o degli interlocutori.

Rappresentazioni: ogni input esterno o interno che passa attraverso uno o più canali sensoriali viene elaborato dal soggetto, che costruisce così una rappresentazione.

Ricalco: tecnica del rispecchiamento; comprende sia gli elementi non verbali (gesti, postura, respirazione ecc.) sia quelli paraverbali (uso della voce) sia quelli verbali (tipo di vocaboli usati, inerenti a quale canale sensoriale, caratteristiche strutturali del linguaggio; genere degli esempi e metafore).

Rispecchiamento: modo di interagire del soggetto con un'altra persona, per riconoscerla ed entrare in relazione con questa, riproponendo su di sé elementi del comportamento dell'altro (postura, gesti, voce, movimenti ecc.).

Ristrutturazione: ridefinizione; reincorniciamento; attribuzione di significati aggiuntivi o ampliamento di contesti, aventi come risultato una modificazione del significato attribuito a un'esperienza.

Sistema guida: canale sensoriale tramite il quale si accede a ricordi e informazioni codificate. Si riconosce dai movimenti oculari.

Sistema primario: canale sensoriale al quale appartengono in prevalenza i predicati (verbi – nomi – aggettivi e avverbi) usati nella comunicazione verbale.

Sistema rappresentazionale: canale sensoriale, relativo ai cinque sensi, tramite il quale trasponiamo le informazioni e le codifichiamo nella nostra "mappa del mondo".

Sottomodalità: ogni modalità o canale (VAK) è definito tramite indicatori specifici che costituiscono le caratteristiche con le quali è composta una rappresentazione.

Sottomodalità critica: fra tutte le sottomodalità quella che da sola – modificata – contribuisce a modificare la sensazione o il significato di un'esperienza.

Stato desiderato: situazione di arrivo, posta nel futuro vicino o lontano, definita tramite una rappresentazione composta di elementi sensoriali VAK.

Stato presente: situazione attuale definita tramite una rappresentazione composta di elementi sensoriali VAK.

Strategia: sequenza di rappresentazioni VAK.

VAKOG: indica i cinque sensi, tramite i quali avvengono le percezioni;
V = canale visivo,
A = canale auditivo,
K = canale cenestesico,
O = canale olfattivo,
G = canale gustativo.

Ogni canale riceve ed elabora input esterni (ciò che il soggetto vede, ascolta e prova rispetto a ciò che lo circonda) e input interni (immagini mentali, dialogo interno, sensazioni interne o propriocettive).

Indice

■ ■ ■

Introduzione	pag.	7
Capitolo 1. La programmazione neurolinguistica	»	11
Cenni storici	»	12
COME SIAMO E COME FUNZIONIAMO	»	13
Capitolo 2. La comunicazione	»	15
I princìpi fondamentali	»	16
Capitolo 3. Apprendere e orientarsi	»	22
La struttura della mappa	»	22
Generalizzazioni, deformazioni, cancellazioni	»	26
I livelli logici	»	30
Mappe a confronto	»	32
L'ampliamento della mappa	»	34
Il modellamento	»	34
Capitolo 4. Il mondo esterno e il mondo interiore	»	38
I nostri sensi e i sistemi rappresentazionali	»	39
Le sottomodalità	»	46
Capitolo 5. Lo sguardo e le parole	»	53
Gli accessi oculari. Il sistema guida	»	53
I predicati verbali. Il sistema preferenziale	»	58

Capitolo 6. Alcune nostre inclinazioni .... pag. 62
   I metaprogrammi .... » 62
   I metaprogrammi di selezione primaria .... » 69
   I metaprogrammi di presentazione delle informazioni ..... » 71
   I metaprogrammi di conoscenza .... » 72
   I metaprogrammi di persuasione .... » 73
   I metaprogrammi di confronto .... » 74
   I metaprogrammi nel rapporto con gli altri .... » 75
   I metaprogrammi nelle attività .... » 78
   I metaprogrammi di completamento .... » 80
   I metaprogrammi di motivazione .... » 81

SVILUPPIAMO LE NOSTRE ABILITÀ .... » 85

Capitolo 7. Capire noi stessi e capire gli altri .... » 87
   La flessibilità .... » 87
   Le posizioni percettive .... » 88

Capitolo 8. Acutezza nell'osservazione .... » 95
   I segnali significativi .... » 95
   La calibrazione .... » 97

Capitolo 9. Una maggiore sensibilità .... » 102
   Gli stati emotivi .... » 103
   Le ancore .... » 104
   Gli ancoraggi .... » 107

Capitolo 10. Raggiungere i traguardi .... » 112
   Obiettivi e valori .... » 112

COME COSTRUIAMO LE RELAZIONI .... » 123

Capitolo 11. Rispecchiare e guidare l'interlocutore .... » 125
   Il rispecchiamento .... » 125
   La guida .... » 129

Capitolo 12. Quali domande e quali risposte .... » 132
   Il metamodello linguistico .... » 133

Capitolo 13. La capacità di persuasione .... » 141
   Le ristrutturazioni .... » 142

Conclusione .... » 150

Glossario .... » 152

*Finito di stampare
nel mese di gennaio 2005
presso le Grafiche Milani
Segrate (Milano)*

per

*DVE ITALIA S.p.A.
20124 Milano – Via Vittor Pisani, 16*